FRÉDÉRIC MARCELIN

—◇—

CHOSES HAÏTIENNES

POLITIQUE ET LITTÉRATURE

Prix : 3 Francs

PARIS

SOCIÉTÉ ANONYME	EN VENTE
DE	CHEZ
'RIE KUGELMANN	P. TAILLEFER, LIBRAIRE
range-Batelièra	67, boulevard Malesherbes, 67

1896

CHOSES HAITIENNES

DU MÊME AUTEUR

FRÉDÉRIC MARCELIN

CHOSES HAÏTIENNES

POLITIQUE ET LITTÉRATURE

Prix : 3 Francs

PARIS

SOCIÉTÉ ANONYME
DE
L'IMPRIMERIE KUGELMANN
12, rue Grange-Batelière

EN VENTE
CHEZ
P. TAILLEFER, LIBRAIRE
67, boulevard Malesherbes, 67

1896

Aventuriers, gratte-sous, chevaliers partis pour la fortune et revenant bredouille ont débité pas mal d'insanités sur notre Haïti. Les titres de leurs enseignes : *Au pays des généraux ! Au pays des nègres !* disaient, bien avant l'entrée de la baraque, leur prétention à l'inédit, à l'invraisemblable, au grotesque. Leur imagination n'a pas toujours tenu ce qu'elle promettait et le public n'en a jamais eu pour son argent.

Car, pour qui veut la voir sans parti pris, seulement avec un peu d'impartiale sympathie, combien notre petite patrie est séduisante, originale, malgré les tons crus du premier abord et, dans sa constitution sociale et

historique, en dépit même de quelques ou-
trances qu'il serait puéril de nier! Tel quel.
c'est encore un des pays dont les amateurs
d'exotisme, de nature clémente à l'homme —
où la moite douceur de vivre tourne quelquefois à l'excès du trop bleu — peuvent être sa-
tisfaits.

Ne nous demandez pas les efforts d'une civilisation savante et raffinée, quoique déjà le
téléphone dans toutes les demeures, le télé-
graphe dans toutes les plaines, pour ne citer
que ces exemples, démontrent que nous faisons
de ce côté des pas rapides.

Haïti présente un tableau autrement capti-
vant et, risquons le mot, poétique.

Villes couchées au pied d'une mer de saphir
que la brise ondule incessamment sans trop
l'agiter, baies et anses profondes que le canot
du promeneur parcourt sans danger, qu'il
parte aux premiers rayons du soleil ou à ceux
de la lune, si brillante dans nos régions qu'elle
n'est que la continuation d'un jour sans cha-

leur, sources dont l'eau parfumée flatte le
palais comme une liqueur idéale, forêts à demi-
vierges qui n'ont jamais connu ni fauves, ni
carnassiers, ni aucune bête malfaisante, et
aux arbres desquelles, en toute sécurité, vous
attacherez votre hamac pour y passer la nuit,
sites peu tourmentés, sans doute, qu'aucune
révolution géologique n'a marqués, adorables,
toutefois, dans leur grâce et leur verdure, éta-
geant, selon les accidents du sol, au delà du
réel, leurs panaches de palmiers et de coco-
tiers, un printemps doux et tiède aussitôt
qu'on quitte les côtes, s'élevant, dans les
montagnes, en janvier et février, presque aux
piqûres d'un hiver modéré, enfin l'absolue
certitude de traverser d'un bout à l'autre l'île
enchantée sans une arme sur soi, d'être le fêté,
l'aimé sous l'ajoupa du paysan aussi bien que
dans la maison du planteur, voilà l'enveloppe
corporelle de notre pays ensoleillé !

En vérité, si on aimait à se retrouver dans
un paradis terrestre avec ses séductions pri-

mitives, rien n'en rendrait mieux l'illusion que presque toutes les parties d'Haïti.

Et partout, dans les campagnes, l'âme est au niveau de cette enveloppe et ne dépare pas ce cadre.

Partout, hors des villes, une population aux mœurs champêtres et douce, laborieuse, affable à l'étranger, et dont le souci est de plaire à son hôte de passage. Il faut renverser le proverbe : « *Grattez le Russe, le Cosaque reparaît.* » C'est à fleur de peau qu'on trouve sous l'épiderme rude de ces hommes une délicatesse de sentiments et des vertus qui, ailleurs, s'enseignent dans les traités de morale et se pratiquent ici.

Il faut vraiment que l'âme simple, naïve, forte, de notre paysan ait été bien trempée pour résister victorieusement aux leçons de choses que notre politique démente lui a infligées. Elle a résisté pourtant. Elle a subi toutes les misères, elle a pâti de tous nos bouleversements. Les uns et les autres glissaient sur sa robustesse, sur son sens solide de la vie et, imperturbablement, sans défaillance, le brave homme qu'il est continuait l'effort de la veille, jamais las, dans son labeur quotidien, de remuer cette terre avec les antiques outils, la bêche et la houe, que nous lui imposons jusqu'à ce jour.

Ce simple a ainsi triomphé par une sorte de force native de notre enseignement. Son amour du sol l'a préservé de l'anéantissement auquel il était convié. Il aimait ses champs : cet amour l'a gardé, et nous avec lui.

Que serait-il donc advenu si le paysan s'était mis aussi de la partie? Voit-on bien où nous en serions à cette heure si toutes nos agitations, se localisant plutôt dans les villes à la chasse des places et des commandes, n'avaient passé sur nos campagnes sans les pénétrer sensiblement, comme le vent qui ride la surface de l'onde sans la troubler dans ses profondeurs? Qui aurait fait la cueillette du café et du coton, les deux termes de l'existence so-

ciale de notre République? Il n'y a pas, dans
l'Histoire, beaucoup de peuples qui aient eu,
au même degré, pareille force de résistance, et
voilà que cette patience, cette sagesse, viennent, on dirait, de recevoir quelque récompense.

Le paysan haïtien, à son insu, a fait école.

Ceux qui prétendent à l'honneur de le guider se sont inspirés, cette fois, de son abnégation et de sa résignation. La grande rumeur
de paix et de travail qui montait quand même
des champs, ce reproche silencieux et muet
d'humbles qui, depuis tant d'années, paient
nos désordres révolutionnaires, ont enfin porté
leurs fruits. Le nouveau chef de l'État a été
élu tranquillement, légalement, et si le canon
a tonné à cette occasion, c'était d'allégresse
et de joie.

Devant la Colonne, le légendaire chauvin
murmure peut-être encore : *Ah! qu'on est fier
d'être Français!* Nous pouvons, devant ce résultat pacifique, montrer quelque espoir. Et c'est

à toi, paysan haïtien, à la lente infiltration de tes quatre-vingts ans de sagesse, de patience exemplaire, au remords qui enfin nous a saisis de te faire un si triste sort, que nous le devons peut-être !

Ame simple et naïvement crédule, tu es bien en harmonie avec la nature où tu vis et meurs !... A l'instar de tes bananiers nourriciers, qui donnent si généreusement leurs fruits, puisses-tu, encore et sans rechigner, tenir ouverts ton cœur et ta main pour réparer les maux d'Haïti, en attendant ta rédemption finale !

F. M.

1ᵉʳ Juin 1896.

EDMOND PAUL

Avant que le sujet devînt banal — car,
aujourd'hui, qui n'a traversé, au moins par le
livre, ces étendues-là ? — ceux qui s'aven-
turaient dans les mers de sable ne manquaient
pas de décrire la félicité quasi-divine où les
plongeait l'oasis enfin découverte qui reposera
leurs membres brûlés de fièvre, leur tête
épuisée par la continue tension d'une fatigue
dont ils ne voyaient pas la fin. C'est un peu
ce que produit, dans notre politique, la vie
d'Edmond Paul.

Elle donne l'impression réconfortante d'un
peu de verdure poussée dans le sable.

1.

Il fut, cet oublié d'hier, absolument dévoué à son pays, à son bonheur, à sa grandeur morale, grandeur qui ne se détermine ni à l'étendue, ni au nombre d'habitants d'une nation, et à laquelle toutes, quel que soit le total de leurs kilomètres carrés, peuvent légitimement prétendre. Ce mot *absolument* est vrai et on regrette de ne pas en trouver un autre d'expression moins courante pour dire combien cet homme fut l'esclave du *devoir*, du *principe* tels qu'il les comprenait.

Il eut ses erreurs, chèrement payées, et qui furent, à n'en pas douter, longuement pleurées. Homme de paix, il sacrifia à la contagion révolutionnaire et pratiqua un instant que « l'insurrection est le plus saint des devoirs ». C'est la tâche de cette vie et il faut croire, en constatant plus tard son refus de contribuer à une nouvelle équipée, qu'il la regretta sincèrement. Quoi qu'il en soit, il n'en reste pas moins que l'homme qui a porté le plus haut le souci des réels intérêts du peuple, l'homme qui a eu la vision la plus noble dans notre politique, a été, en ces dernières années, Edmond Paul. Cette tâche que je

viens de rappeler n'est pas même pour dé-
plaire à tout le monde, car elle partait du
désir violent de notre rénovation sociale qui fut
sa circonstance atténuante. La vie d'Edmond
Paul, au surplus, ne démontre-t-elle pas suffisamment que le moteur de cette faute naquit
d'une erreur de son patriotisme ?

Plus il est de mode de blaguer la vertu
civique, plus il faut s'efforcer de mettre en
relief les citoyens qui se dévouent à la prati-
quer. Ce dévouement donne à leur existence
une sorte d'*habitus* extra-humain qui en fait des
personnages en dehors de leur temps.

S'ils n'en sont pas l'exemple, ils restent, en
dépit de tout, la parure d'un peuple.

Une glorieuse et triomphante œuvre d'art,
marbre ou tableau, n'est pas plus méritoire,
plus digne de la considération nationale que
la fleur de leurs illusions rêvant l'amélioration
et le bonheur publics dans une conception
d'abnégation et de foi. A l'une, pour les conserver, on bâtit des musées ; à l'autre, c'est
dans les cœurs qu'il faudrait essayer de leur
garder un souvenir. Et cela serait d'autant
plus juste, qu'en réalité ils n'ignoraient pas

les difficultés où ils se condamnaient en faisant de l'*Utopie* leur divinité. Reniés, quelque peu bafoués de leur vivant, considérés *vieux jeu*, soupçonnés même de fumisterie, c'est la mort seule qui a commencé pour eux l'équité. Et combien encore restrictive et jalouse !

Entre Edmond Paul et moi, rien ne faisait prévoir qu'il dût plus tard, sur la fin de sa carrière, exister des rapports autres que ceux que le contact de la vie publique peut amener entre hommes appartenant à des partis opposés. Il en fut pourtant ainsi. J'avais toujours honoré, même en des temps de lutte ardente, chez cet adversaire la haute flambée de patriotisme qui le brûlait et qu'une conviction profonde et sincère faisait si éminemment respectable. A cette flambée, fondirent les dissentiments passés quand, arrivé aux affaires, je pratiquai plus complètement cet homme.

A cette époque de son existence, Edmond Paul qui, quelques mois après, devait s'éteindre à Kingston miné par la maladie, faisait, avec sa haute taille, son visage anguleux et amaigri, l'effet d'une sorte d'apôtre, de saint laïque du patriotisme. Une grande bonté,

une certaine tolérance sortaient de sa personne. Par exemple, il restait irréductible sur
ce qu'il ne lui semblait pas permis d'aban-
donner, sur ce qui résumait sa vie et, en effet,
l'avait été, la passion des intérêts populaires.
Ah ! cette passion, rien ne l'abattait. Le corps
pouvait être vaincu, vaciller sous le faix des
souffrances physiques, sous l'assaut peut-être
de la rafale emportant tout autour de lui.
L'âme demeurait intransigeante. Et vienne
l'occasion, plus alerte que jamais, elle affirmait son inébranlable fermeté en des choses
auxquelles on ne songeait plus autour de lui
et qui faisaient l'effet d'autant d'anachro-
nismes.....

Il serait téméraire de penser qu'Edmond
Paul avec son lumineux esprit ne se rendit
pas un compte exact de l'état d'âme de sa
génération. Il ne pouvait ne pas sentir qu'il
était impossible. Il se résigna donc de mourir
dans l'unité d'une vie qui ne connut aucune
défaillance, aucune compromission avec les
faiblesses voisines. Certes, il eût eu le pouvoir
s'il avait écouté ceux qui lui disaient : « *Tu
nous demandes un effort qui n'est pas de notre temps.*

Le breuvage que tu nous présentes est trop amer : coupe-le d'un peu de miel. » Il dédaigna ces conseils et, sans fracas, il disparut, croyant, seul encore, inébranlablement, aux budgets réduits, à l'armée ramenée aux proportions d'une gendarmerie, à l'économie dans nos finances, au dégrèvement des droits sur le café pour améliorer la condition du paysan, au retrait du papier-monnaie et autres balivernes. C'est à la croyance invincible en ces chimères qu'Haïti doit cette figure dont la tranquille unité inspirera quelquefois la pensée de nos littérateurs si elle ne guide la conduite de nos hommes d'État...

Des lettres qu'il m'a adressées quelque temps avant sa mort, quelques-unes démontrent le cœur excellent et bon qu'il fut : toutes attestent son ardent patriotisme et la préoccupation de notre demain social.

A la date du 23 septembre 1892, après m'avoir entretenu assez longuement d'une importante question politique, il concluait : « *Voyez comme il est facile de s'entendre sur le véritable grand terrain ! Pour en finir avec ces autres farces, les ficelles... pourquoi n'en serait-il pas de même !* »

Et le 25 septembre : « *Vous me permettrez de tirer à chaque instant sur votre patriotisme, de tirer sans considération aucune afin que nous retrouvions les voies qui semblent perdues de notre avenir.* »

« *J'ai eu le regret,* m'écrivait-il le 27 octobre, la veille de son départ, *de ne pas vous rencontrer chez vous hier soir. Ces dames, du moins, vous ont amplement remplacé.* » Il était, une dernière fois, venu me dire adieu. Il était quelque peu triste. Assis dans le jardin, il avait refusé les rafraîchissements offerts, son état l'obligeant à un régime sévère. Il avait désiré une fleur et, la portant à ses lèvres : « *Hélas !* soupira-t-il, *ce sera probablement la dernière rose d'Haïti que j'aurai respirée.* »

Il partit, et ne revint que son cadavre pour dormir dans un coin de la terre natale. On lui fit de pompeuses funérailles, à lui qui fuyait le faste, l'apparat, le tambour et la trompette. Amis et adversaires s'accordèrent à pleurer celui qui aima la Patrie plus que lui-même. Ce fut un bel attendrissement de regrets et de larmes...

Combien qui le pleuraient l'eussent combattu avec passion — guidés par un intérêt personnel criminel — si, vivant, sa candidature à la présidence de la République s'affirmait !

En lui s'éteignit notre dernier censeur, l'espèce de Caton importun qui prêchait la vertu civique et. ô naïveté! la pratiquait, le philosophe dont un trou suffisait pour abriter la vie, pourvu qu'il eût l'infini de la pensée pour loger ses rêves sur le peuple haïtien...

On en était débarrassé.

C'était le moins qu'on l'embaumât dans une manifestation de douleur nationale.

LE ROI HENRI

Appelé, par le Président de la République, en voyage dans le Nord, pour la discussion en Conseil du budget général de l'État, je passai quelques jours au Cap.

On travaillait le matin jusqu'assez tard dans l'après-midi. Le reste du temps, on était complètement libre et j'en profitais pour parcourir à fond cette merveilleuse plaine du Cap, où la grande culture a conservé presque tout son éclat du passé. Souvent, on rentrait de compagnie avec quelques-uns des grands planteurs qui partagent alternativement leur vie entre la politique et leur exploitation agricole. Ici, ceux qui ont marqué dans les affaires publiques sont généralement propriétaires ruraux. Ils font valoir eux-mêmes leurs terres. La politique les prend là, de leurs champs, et quand ils ont cessé de lui plaire, ils s'en retournent encore là où demain elle les retrouvera vraisemblablement. Cette habitude correcte permet aux favoris du jour de ne pas avoir trop l'air de gens pour qui la politique est une profession et qui en vivent.

Parfois on s'arrêtait avant la nuit, dans une des délicieuses villas qui sont le charme du *Haut du Cap*. Comment ne pas se rappeler — comme on se souvient du coin d'azur où l'on a vécu un instant — notre visite à la villa *Gabriel?* Est-ce notre imagination qui la pare ainsi ? Etait-ce plutôt l'effet du jour chaud, brûlant encore sur la route et finissant ici dans la tiédeur grisante des orangers et des buis en fleurs? Espérons, pour la sensation égoïste de ceux qui viendront après nous, que la coquette villa a gardé toutes ses séductions, et qu'elle n'a souffert ni de l'abandon, ni des années.

Mon congé étant expiré, il fallait songer à rentrer à Port-au-Prince, dans la fournaise et la lutte. Mais quitter le Cap sans voir Sans-Souci et la Citadelle! Tout mon être aurait protesté contre un tel oubli envers les seuls monuments historiques qui existent dans notre pays. Quelques amis aidèrent donc à organiser pour mes collègues du ministère et moi une excursion : le premier article du programme fut de proscrire tout apparat officiel. Nous voulions voir, sans gêne ni entrave.

Ayant quitté le Cap assez tard, nous arrivâmes à Milot le 24 avril 1893, vers sept heures du soir. La lune était dans son éclat habituel, métallique et presque aveuglant. De la maison où l'hospitalité nous est offerte, les ruines de Sans-Souci se dressent devant nous, fantasques.

Nous y allons, en attendant le dîner, évoquer l'âme de Christophe.

La sensation mélancolique et triste qu'apportent ordinairement les restes des monuments à demi-détruits par la rage de l'homme ou celle du temps est infiniment plus saisissante, en ce moment, qu'en plein jour. Tout prend, à cette heure, un aspect étrange. Tout se dessine sur le sol en images douloureuses

ou macabres, selon le vent qui passe dans les
arbres que les ruines portent à leurs sommets
comme autant de diadèmes. Et dans l'esprit se
déroulent des tableaux évocateurs de mystères
et d'aventures quand une pierre se détache
sous le pas d'un chat rôdeur ou quand s'élève,
par intervalles, le cri de la petite cigale disant
monotonement le néant de tout...

Voilà le mur d'enceinte du palais, que sur-
montait naguère une vaste grille en fer, reliée
de distance en distance par des piliers de ma-
çonnerie. Sièges à souhait que ces parapets, à
demi-fendus, pour rêver, les pieds à l'abri de
l'humidité de l'épais gazon !

Le château nous fait face : la vaste cour
d'honneur s'étend à nos pieds. Allons ! le temps
et les hommes n'ont point mis leur empreinte
là. Pourquoi ne se réveillerait-il pas, le palais
endormi ? Pourquoi le soleil de son fronton
ne s'illuminerait-il pas de ses multiples feux,
comme jadis aux jours de fête ? Où sont les
pages, les amazones, les Royal-Dahomey fami-
liers de ces lieux ?... Ne vous semble-t-il pas
qu'au grand escalier la foule des courtisans s'est
inclinée jusqu'à terre et que, debout sur les

marches, un peu corpulent déjà, le roi
Henri est apparu, suivi, à distance respec-
tueuse, de Vastey, son historiographe ? Ne
vient-il pas de lancer son juron favori : « *Au
diable, canaille !* »

Oui, une voix a parlé, des ombres se sont
agitées ! Ce n'est pas le quadrille échevelé des
arbres dansant sur les dalles de la cour, ni le
miaulement aigu du félin à qui sa proie vient
d'échapper... La pensée, aidée de l'histoire,
et dans une multiplication rapide et instan-
tanée de ses scènes, accomplit ce miracle de
reconstruction, de résurrection. Et la sugges-
tion est si vive, qu'à volonté on évoque les
différents événements qui s'accomplirent ici,
comme si on disposait d'un merveilleux kiné-
toscope photographiant, à mesure qu'elles se
présentent, nos idées même en images sen-
sibles.

Peu à peu, la rêverie descend plus bas,
autour de soi, en soi : ces pierres parlent
fâcheusement d'immortalité et font faire un
pénible examen... Après nous, que restera-t-il
de nous ? Quelle ruine, quelle épave, dans
l'ordre matériel ou moral, dans la politique ou

les arts, l'interrogation du passant découvrira-t-elle ? Qui nous exhumera, qui nous interrogera, puisqu'il ne demeurera rien à interroger et à exhumer ? Oh ! pour quelque part que ce soit, si minime, si courte fût-elle, si l'on pouvait se survivre ! Le hasard a ses bizarreries, et, de même qu'au théâtre il y a des places à tous les prix, il y a aussi de la survie de tous les degrés et de toutes les durées. Ne pouvant bâtir ni Sans-Souci, ni Laferrière, on philosophe ingénûment sur eux. Sur leur carcasse, on essaie d'attacher sa banderille. Et qui sait si, après soi, un scribe en faveur, méditant le même thème, ne retrouvera pas notre nom, pour nous en lapider ? On aura ainsi revécu une seconde sous sa plume.

Tout cela est fort éloigné de l'*âme* de Christophe qui, on peut le parier, ne s'est jamais attardé à rêver sur des ruines au clair de la lune. Il bâtissait des palais, il élevait des citadelles. Nous les avons détruits pour y loger nos mièvreries sentimentales. Autres hommes, autres occupations.

Nous rentrons au logis

Après avoir fait honneur au plantureux dîner, que l'air vif de Milot nous aide à digérer rapidement, chacun s'installe de son mieux sous la longue galerie, transformée ainsi en salon, pour écouter le déballage inévitable des anecdotes sur Christophe. Ce sont toujours les mêmes, engendrées en partie par la passion des adversaires. La légende les a propagées, et elles sont inséparables désormais de son histoire. Elles lui font une figure qui, si elle n'est pas strictement véridique, dépasse tout ce qu'on peut rêver dans le sinistre et l'horrible. Ce Christophe-là n'est pour plaire qu'au dilettante névropathe, amateur de bêtes féroces, artistement belles surtout quand, les griffes rouges de sang, elles se repaissent de chairs pantelantes.

Ne faisant pas de l'histoire, nous n'avons qu'à écouter et à enregistrer ce que dit la légende :

Le roi, un matin, s'était levé de mauvaise humeur et préoccupé. Il fit appeler Roumage, un de ses favoris :

— *J'ai fait un rêve singulier*, lui dit-il. *J'ai rêvé que vous me trahissiez !*

— *Moi, sire, vous trahir*, s'écrie le pauvre Roumage. *Je préférerais mourir !*

— *J'en étais tellement persuadé*, répond Christophe, *que j'ai donné l'ordre de vous exécuter pour que vous échappiez à la fatalité de trahir votre Roi.* Et il le livra aux soldats.

Sur la route, à cette époque absolument dallée, de Sans-Souci au Cap, Henri, dans sa voiture, chef-d'œuvre de la carrosserie haïtienne, — tous les arts, dans son Etat, avaient atteint la perfection, — arrivait au galop de ses chevaux. Un paysan, sur un des bas-côtés, conduisait sa charrette et son bœuf.

— *Hue, Pétion! hue, la rosse!* s'écria-t-il en voyant le cortège et piquant sa bête du manche de son long fouet.

— *Pourquoi*, demanda le Roi, *appelles-tu ce bœuf Pétion ?*

— *Sire*, dit le paysan, croyant faire utilement sa cour, *je lui ai donné le nom de l'ennemi de Votre Majesté parce que, comme lui, il est paresseux et lourd. Quand je tape dessus, il me semble que je tape sur Pétion !*

— *Diable !* repartit Christophe, *Pétion est mon compère, et il ne t'appartient pas de lui manquer de respect. Qu'on passe aux lianes jusqu'à la mort cet insolent.*

On travaillait à la couverture de la chapelle du palais. Le Roi suivait le travail avec attention, prisant de temps en temps dans sa large tabatière, quand soudain il lui sembla qu'un des ouvriers était agité de quelque désir qu'il n'osait exprimer :

— *Qu'as-tu donc à te trémousser ainsi ?* lui demande Henri.

— *Sire,* répond l'ouvrier, *je voudrais bien une prise de votre tabac.*

— *Qu'à cela ne tienne ! descends du toit, et viens.*

L'ouvrier descendit et s'approcha de son maître. Henri lui tendit sa large tabatière, pleine de son précieux et terrible macouba, si fort, que personne autre que lui ne pouvait en priser.

— *Prends,* dit-il.

L'ouvrier, respectueusement prit une prise.

De nouveau le Roi lui tendit la tabatière ; non moins respectueusement, l'ouvrier prit une seconde prise. Une troisième fois, même manège. Cette fois, l'ouvrier, que tant de bontés rendaient confus, recula.

— *Non, non,* dit le Roi, *avance. Tu priseras jusqu'à ce qu'il n'en reste plus un grain. Et s'il t'arrive d'éternuer une seule fois, tu entends, on te battra à mort. Ah ! tu aimes le tabac du Roi, tu vas en avoir à ton gré.*

La légende dit que l'ouvrier, effaré de terreur, absorba, sans éternuer une seule fois, le contenu de la volumineuse tabatière, et que Henri lui en fit don, après l'avoir fait remplir du précieux macouba.

Mais oncques le malheureux ne prisa depuis cette aventure.

Un matin, en quittant Limonade, les roues de son carrosse se prirent dans un bourbier.....
Christophe, bondissant de colère, demande ses pistolets. Il fait feu sur les chevaux coupables de trahir sa volonté et ordonne à ses *chevau-légers de les battre en brèche.* Les cavaliers dégainent et les malheureuses bêtes, les jarrets

coupés, expirent sur la route. Christophe saute en selle sur une des nombreuses montures qui le suivaient toujours et, arrivé au Cap, il ordonne au commandant de Limonade de lui faire avoir son carrosse sans une égratignure et le montant de la valeur des deux bêtes de prix qu'il a sacrifiées, le tout pour lui apprendre, dans l'avenir, à mieux entretenir les routes.

Il pleuvait à torrents ; le tonnerre grondait avec fracas. Le Roi que ce bruit agaçait ordonna de pointer contre le ciel la plus grosse de ses pièces, *Man Pinba*. Après quelques coups échangés de part et d'autre, la tempête s'apaisa. Le ciel avait capitulé.

Une sédition couvait dans sa garde. Christophe en est informé vaguement. Il ne connaît ni les chefs, ni leurs adhérents. Il ordonne une inspection générale, et tout seul passe, à petits pas, au front de la troupe, fouillant d'un œil farouche les consciences et les visages. Mais le cheval qu'il monte, ronge, impatient, son frein, se cabre et ainsi enlève au justicier une

partie de l'effet de sa mise en scène. Le Roi
le caresse d'abord de la main, lui adresse
ensuite quelques douces paroles. Le cheval
n'écoute ni sa voix, ni son geste. Christophe
met pied à terre, tire son sabre et lui tranche
l'arrière-train : « *Ni bêtes, ni hommes, s'écrie-t-il,
ne doivent me résister !* » Puis, son arme dégout-
tante de sang, il se tourne vers les soldats en
leur intimant l'ordre de dénoncer les traîtres.
Ceux-ci se dénoncèrent eux-mêmes et sortant
des rangs se livrèrent au boureau.

Christophe était malade. Un de ses aides de
camp qu'il aimait tout particulièrement soulève légèrement la jalousie de la chambre à
coucher et s'informe si sa nuit n'a pas été
mauvaise. Christophe remercie et invite l'aide
de camp à entrer. A peine ce dernier a-t-il
franchi le seuil de la porte qu'un coup de feu
l'étend roide mort. « *Vous voyez, mon ami,*
éclate Christophe, *que ma nuit a été bonne et
ma main toujours sûre.* »

Au sommet de son Palais du Cap, il avait
fait placer une sorte de tourelle d'où il pou-

vait observer à son aise, sans qu'on soup-
çonnât sa présence, non seulement ce qui
se passait sur la place d'armes, mais encore
assez loin dans les environs. Il y montait surtout quand l'arrivée de nouvelles sensation-
nelles devaient provoquer un plus vif échange
d'impressions dans le public. Or, une partie de
sa flotte venait de faire défection au *Môle* en
faveur de la République, et Christophe était
à sa vigie. Papalier s'arrête pour parler au
français Montorsier, et il semble à Christophe
que leurs visages reflètent un contentement
qui ne peut venir que de la désastreuse nouvelle. Vite qu'on mande Papalier et Montorsier
au Palais, sans les laisser cependant se
communiquer. Papalier est interrogé le premier. — *Montorsier*, dit Christophe, *vient de m'affirmer que vous parliez, tout à l'heure sur la place,
de la révolte de la flotte. Il la déplorait, et vous,
ne la déplorez-vous pas aussi, cette révolte ?* Papalier jure ses grands dieux qu'il n'a été question entre Montorsier et lui que d'affaires
commerciales. Il affirme, précise, donne des
détails. Christophe le fait sortir et ordonne
d'introduire Montorsier.

« *Ah ! Montorsier,* s'écrie-t-il, *c'est mal à vous qui faites bien ici vos affaires de vous réjouir de la trahison de ma flotte. Vous en causiez il y a une heure avec Papalier de qui je tiens votre joie.* »

« *— Moi, sire, me réjouir d'un tel malheur. Nous en causions effectivement Papalier et moi, mais pour le déplorer.* »

« *— Ah ! vous en causiez, mon compère; et Papalier vient de me jurer à l'instant qu'il n'était question entre vous que d'affaires commerciales ! La vérité est bien difficile à démêler. Afin de vous mettre d'accord, je vous envoie tous deux finir cette conversation, pour le reste de votre vie, dans les cachots de la Citadelle.* »

Le Roi avait dans ses jardins les variétés les plus diverses des fruits des tropiques. Il était surtout fier de sa collection de *mangos,* et dans cette collection il y avait une espèce, aimée par-dessus toutes les autres parce qu'il l'avait créée lui-même. Onctueuse, fondante, parfumée, presque sans noyau, il l'avait nommée du nom de sa plus jeune fille, l'*Athénaïs.* C'était un régal royal et personne n'avait le droit d'y toucher sous les peines les plus sévères. Or, une femme enceinte passant près du verger du

Roi cueillit un de ces fruits. — Arrêtée et conduite au tribunal sous l'accusation de vol, ag-
gravée du crime de lèse-majesté, elle invoqua
pour sa défense qu'elle avait cédé à une irrésistible et inconsciente envie, qu'elle ne savait
comment expliquer, mais dont son enfant seul
était coupable.

« *Fort bien*, dit Christophe, *qu'on ouvre le
ventre à la mère et qu'on vérifie dans les entrailles de
l'enfant s'il a goûté du fruit.* »

Obsédé de savoir ce que son entourage pensait de lui, il grisa un soir Vilton qui avait
tenu un de ses enfants sur les fonts baptismaux.

« *Mon compère*, lui demanda-t-il, *m'aimez-
vous toujours ? — Ah ! sire, qui peut vous aimer
encore ? On vous craint parce que, selon votre caprice,
vous envoyez qui vous plaît à la mort. Ne nous en
demandez pas davantage. Vous avez voulu que la
terreur fût votre compagne ; vous avez été obéi. Pas
un de ceux qui vous entourent qui n'ait une victime
à vous reprocher. Et moi qui vous parle, sans la
rotection de la Reine, il y a longtemps, je le sais, que
j'aurais rejoint mes parents exécutés par vos or-
dres.* »

— *Alors vous croyez, mon cher Vilton, que c'est la Reine qui vous protège.* — *Oui, je le crois*, répondit Vilton. — *Vous vous trompez, mon compère, et je vais vous le démontrer sur l'heure.* »

Il appela l'aide de camp de service et donna l'ordre de trancher la tête à Vilton.

De telles histoires racontées après minuit, en face du palais de Sans-Souci, sont faites, on le comprend, pour causer les plus affreux cauchemars. Pourtant, nous dormîmes bien, soit que la fraîcheur de la nuit ait eu une influence autrement forte sur nos nerfs, soit que la véracité de ces légendes nous eût laissés un peu sceptiques.

Le lendemain, au chant du *pipirite*, notre alouette nationale, les ablutions faites à la hâte, le café brûlant absorbé, en route pour le palais de Sans-Souci qu'il faut visiter en détail avant de grimper le chemin de chèvres, bordé de précipices, qui conduit à la citadelle Laferrière.

> *Tout est ruine et deuil,*
> *Les Turcs ont passé là,*

chante le poète. — Ici, ce sont les démolisseurs.

Mais Turcs et démolisseurs font exactement semblable besogne et sont de la même famille.

Le palais de Sans-Souci est bâti au versant d'un morne qui se trouve à cinq lieues du Cap. Dans le portail monumental de l'entrée principale, des niches sont ménagées, dans l'épaisseur des murs, en forme de guérites pour les sentinelles. Le badigeon jaunâtre qui les revêtait est aussi intact qu'au premier jour.

On pénètre d'abord, à gauche, dans la chapelle royale. Il n'y a plus que les murs qui tiennent. Le maître-autel éventré, les marbres fendus, les statues décapitées gisent à demi-cachés sous l'herbe épaisse et drue.

Au premier étage, au centre de l'escalier d'honneur, d'une vasque énorme dont on voit les restes, l'eau jaillissait en cascade. Voici, un peu plus loin, un bâtiment qui fut la salle du trône. Pauvres grandeurs écroulées! des arbres géants se sont développés dans leurs crevasses et ils sont seuls à pleurer, quand le vent les agite, la chute de cette royauté !

Il faut avancer avec quelque prudence jusqu'à la chambre de Christophe. — Des murs, toujours des murs délabrés, fendillés, renversés, débris informes encombrant le sol. Une espèce de grande fleur rouge sombre, liseré de noir, jette ici, à profusion, sa note insolente comme une fille de joie en ribote et inconsciente, dans une lamentation publique.

C'est ici que mourut Christophe.

Le 15 août 1820 le Roi assistait à la messe dans l'église de Limonade. Soudain sa tête par deux fois frappa avec force le prie-dieu. Le sang jaillit de son front, éclaboussant ses courtisans glacés d'épouvante. Il venait de voir, dit la légende, le prêtre Corneille Brelle, — qu'il avait fait mourir quelques jours auparavant — officiant à l'autel.

Tout simplement, l'apoplexie venait de saisir Christophe en public. Il ne devait pas se remettre de cette attaque. Dans sa situation, c'était la débâcle. Du jour que l'on constata qu'il était impotent, ce fut fini pour lui. Et on allait lui apprendre que les tyrans, pour s'être placés en dehors de l'humanité, n'ont le droit ni de vieillir, ni d'être malades, et que leur main, s'ils veulent garder le pouvoir, doit être

prête, sans jamais se lasser, à toujours punir
et à toujours frapper.

Saint-Marc se soulève, le Cap l'imite. Christophe est dans son lit, incapable d'agir. Quelle
tempête dans ce crâne, dans ce cerveau bouil-
lonnant d'indomptable fureur!... Ah! s'il
peut seulement monter à cheval, se montrer,
nul doute que le charme opérera de nouveau et que, terrifiés, anéantis, les rebel-
les, *rentrant dans le devoir,* ne se laissent doci-
lement conduire au supplice, comme tant de
fois déjà le miracle s'est produit. Qui donc
donnera la vigueur, l'élasticité, aux membres
de Christophe ? Quel remède lui permettra de
soumettre à sa volonté, de plier ce corps
inerte et roide ? Au diable les médecins! Il
n'en veut pas. Du reste, il a fait périr le plus
célèbre d'entre eux, Justamont, en qui seul il
avait quelque confiance. Il s'en passera donc.
Le voilà imaginant une mixture bizarre, et
qui semble convenir à merveille à ce malade.
Par son ordre, on le plonge dans un bain,
uniquement composé de tafia et de piments
rouges pulvérisés, et d'énergiques frictions lui
sont faites sur tout le corps.

O miracle ! les muscles reprennent leur élasticité ; les jambes, détendues, retrouvent leur
vigueur et le Roi, après avoir revêtu le costume de ses grenadiers, s'avance vers son cheval
de guerre... Les troupes présentent les armes,
les tambours battent aux champs. Un vieux
vautour, habitué des déplacements royaux
— à moins que ce ne soit un *malfini* que tout ce
bruit épouvante — perché dans une des tours
du château, part à tire d'aile, annonçant sur
son chemin aux camarades qu'ils auront bientôt bonne et abondante chère, car Sa Majesté
marche sur la ville rebelle. Déjà Christophe a
posé le pied à l'étrier, ses mains ont saisi fer-
mement les rênes... En essayant de se
mettre en selle, il s'abat de son long en face de
l'armée. Et, supplice inouï, il n'est frappé que
dans son corps. Sa pensée, sa volonté sont intac-
tes. Sa Majesté se traîne sur ses mains et c'est
à grand'peine qu'on arrive à la relever et à
la soutenir, plutôt mal que bien, sur ses
jambes ankylosées.

Christophe ordonne qu'on le transporte sous
son caïmitier. On rentre aux écuries son
cheval, devenu inutile. Le voilà assis sur son

trône, tâchant de se composer une attitude imposante pour réclamer une dernière fois la fidélité à ses troupes. Elles défilent devant lui, Joachim à leur tête, pour marcher contre l'insurrection.

C'est un effort de conscience que Christóphe tente là. Il n'a plus d'illusions ; il se contemple terrassé sous l'arbre royal et se juge perdu. Pourquoi les soldats iraient-ils vaincre ? Pour la chose pitoyable, misérable, le paralytique, l'infirme, qu'il est devenu. Allons donc ! c'est fini. Il ne doit plus compter sur la victoire, et il n'y compte pas. La plus petite hésitation dans ce diagnostic l'exposerait à cette extrémité de tomber dans la main de ses ennemis et de devenir leur jouet. Ce fut, certes, un des meilleurs jugements que le caïmitier entendit car, dans toutes ses parties, il était irréfutable de logique et de bon sens.

Quand les derniers vivats de l'armée le saluant et jurant d'écraser la révolte se furent perdus dans le lointain, Christophe se fit remonter dans sa chambre. Le Destin clément lui avait laissé l'usage de ses mains. Il s'assura du bon état de ses pistolets, toujours à son

chevet, se fit apporter de l'eau pour se puri-
fier, et mit du linge blanc. Vers minuit, des
fuyards crièrent la nouvelle que les troupes
avaient *fraternisé*, comme on disait à l'époque,
avec l'insurrection. Christophe prit un de ses
pistolets et tira droit au cœur. Il avait étudié
depuis longtemps l'anatomie de cette partie et
savait où sûrement viser. Du reste, il avait
souvent exprimé cette idée que les domina-
teurs, ceux qui, pour le triomphe de leur
ambition et de leurs rêves, avaient souvent
recouru à la mort contre les autres, ne doivent
pas hésiter à y recourir pour eux-mêmes quand
la Fortune les trahit.

Des fenêtres éventrées de la chambre à coucher de Christophe, la vue se porte sur les
jardins. Là où jadis régnaient l'ordre et la
symétrie, la nature a repris ses droits. Une
folle végétation a rendu impénétrables les sen-
tiers. Des lianes gigantesques, de la grosseur
du bras, semblent être autant de chaînes ten-
dues pour en barrer l'entrée. Où l'eau naguère
coulait avec abondance, distribuée en canaux
entretenant une perpétuelle fraîcheur, c'est
l'aride désolation.

Du second étage, on passe sur la grande terrasse qui fait face à ce qui fut la salle du Trône. C'est sur cette terrasse qu'est planté le légendaire caïmitier. L'arbre est de belle venue, robuste et sain, insoucieux des lierres qui, de toutes parts, s'attachent à lui. Ils en auront toutefois raison, et le caïmitier de Christophe, avant longtemps, ne sera plus qu'un souvenir. Ses fruits laiteux, d'une belle couleur brune foncée, à la chair blanche veinée de pourpre, sont encore excellents. Et c'est d'une main irrespectueuse et ravie que nous en cueillons quelques-uns, le Roi ne pouvant plus les protéger.

De son temps, un dais en forme de parasol entourait l'arbre. Sous ce dais, nous l'avons déjà dit, s'élevait un trône en acajou massif, admirable ouvrage d'un ébéniste du pays. L'Histoire retiendra de ce règne le trait suivant : c'est que tous les travaux que Christophe fit exécuter le furent par des Haïtiens. Tous les arts et métiers étaient représentés dans ses ateliers et y firent des progrès remarquables. Et dans quelques heures nous verrons la merveille nationale, cette gigantesque

citadelle, construite par Henry Besse, officier
du corps du génie militaire. Une fois par
semaine, Christophe s'asseyait sur ce trône
pour écouter les doléances de ses sujets et
rendre la justice. Le moindre cultivateur
était admis à ces audiences et pouvait s'exprimer en toute liberté. Les arrêts étaient som-
maires, sans appel et exécutés sur l'heure.
On cite des exemples de courtisans, convaincus
d'exactions, tombant séance tenante au rang
de simples paysans et, dépouillés de leurs
habits de cour, allant labourer les terres du
Roi sous la garde de l'opprimé d'hier. En
somme, justice expéditive, rude comme celui
qui la personnifiait, et que, de toute nécessité,
on devra dégager quand on voudra la juger
à son tour, de la haine et de la passion politiques des adversaires.

Il existait à Sans-Souci un Hôtel des Mon-
naies, une imprimerie royale, un vaste arsenal,
des écuries somptueuses... A peine quelques
vestiges restent-ils de ces édifices, emportés,
déchiquetés, morceau par morceau, lambeau
par lambeau, pour les plus vils usages, ou
simplement pour le besoin de détruire. Toutes

les maisons du bourg — et combien au delà !
— sont dallées des marbres de Sans-Souci.
Dans les cours le bétail s'abreuve dans les
vasques de porphyre transformées en auges
immondes. Et sur les routes, les belles pierres,
qui supportaient la base des colonnes, ou en
formaient la frise, gisent brisées sous le mar-
teau...

Nous voilà grimpant, à travers les lianes et
le feuillage touffu des arbres, l'étroit sentier
qui mène à la Citadelle... Il s'agit de bien
guider son cheval, car les glissades dans le
précipice qui, des deux côtés, borde le chemin, pourraient être funestes. Il faut aussi se
garer des branches folles qui, à tout instant,
menacent le visage et les yeux. Heureusement
que la saison est belle, et que la pluie n'ayant
pas tombé de quelques jours, le fer de nos
chevaux mord aisément la roche dure du
morne. N'importe, j'ai glissé une fois dans le
ravin profond : un arbre s'est trouvé là, mira-
culeusement, pour me barrer la descente. A
la pâleur de mes compagnons, j'ai compris
le danger que j'avais couru.

Deux heures de route ainsi pour franchir les deux petites lieues qui vous éloignent de Milot, et subitement, au tournant du chemin qui monte, qui monte toujours en serpentant, une muraille formidable, un éperon de construction cyclopéenne se dresse devant vous sur la crête de la montagne. Impossible de passer. On est arrivé. C'est la Citadelle.

Sur la plate-forme, en face de l'énorme poterne, on met pied à terre. Des pyramides de bombes, des boulets, des canons, des obusiers, des mortiers à profusion font trébucher nos pas. Les chevaux, débarrassés de leurs harnachements, se roulent délicieusement dans la mousse touffue. Leurs licols, fortement rattachés aux anneaux des pièces de l'artillerie royale, empêchent toute évasion. Ces soins terminés, la haute et sombre poésie de ce monstrueux poème de pierre va nous saisir tout entiers durant les quelques heures que nous vivrons là.

J'ai déjà dit, et je le redis avec orgueil, que ce fut un officier Haïtien, Henry Besse, qui l'édifia. Si une œuvre vaut précisément par l'effort tenté et vaincu, la citadelle Laferrière

est une œuvre de génie dans la plus grande
acception du mot. Nous sommes à près de
3.000 pieds d'altitude ; des gouffres inson-
dables nous entourent de toutes parts ; le
sentier qui nous a conduits à ce faîte semble
invisible et on dirait que plus nulle communica-
tion n'existe pour rentrer dans le monde. Regar-
dez maintenant derrière vous. Voilà la puis-
sante muraille, montagne sur une autre montagne, qui porte presque aux cieux sa couronne
de genévriers sauvages, poussés à l'aise dans
ses épaisseurs. Régulièrement percée de plusieurs rangs d'embrasures, elle montre encore
quelques mélancoliques et silencieuses gueules
de cuivre, échappées au brocanteur.

Si l'œil mesure avec stupeur la hauteur de
ses murs, si leur largeur provoque l'étonne-
ment, l'enceinte de la Citadelle n'excite pas
moins d'admiration, car elle pouvait con-
tenir une armée. Eh bien ! calculez, évaluez ce
qu'il a fallu d'efforts, de patience, de génie pour
transporter ici, à cette hauteur, les matériaux
nécessaires à une telle entreprise, toutes ces
pierres, tout ce fer, tous ces canons, tout ce
qui a servi à ce prodigieux entablement imposé

par [la volonté d'un homme à cette montagne !

C'est sur le *Bonnet à l'Évêque* que la citadelle
Laferrière est construite. Quand le temps est
exceptionnellement clair, la forteresse peut se
voir du Cap, rarement toutefois, car les
nuages la dérobent presque toujours à la vue.
Christophe avait rêvé d'en faire le boulevard
de l'Indépendance d'Haïti. Obsédé de cette
pensée que la France essayerait de reconquérir
l'île, il avait voulu édifier une place forte qui
deviendrait le centre de la résistance, le noyau
qui alimenterait la défense sur tous les points
et où enfin, dans un suprême danger, les
défenseurs de la Patrie pourraient se réfugier
et attendre, derrière des remparts inexpu-
gnables, l'aurore des jours nouveaux. Rien
n'avait été épargné pour que la Citadelle fût
digne de sa religieuse destination. Christophe
sentait qu'il incarnait l'âme de son peuple, et
cette croyance le rendait insensible à toute
autre considération. Il y prodiguait avec une
mystique indifférence et ses trésors et la vie
de ses sujets. L'Histoire ne dit le chiffre ni
des uns ni des autres : il est évident que de

nombreuses créatures humaines de même que beaucoup d'argent y furent dépensés. La légende, elle, a prétendu que plus de 20,000 personnes périrent en travaillant à cette nouvelle pyramide. N'écoutons pas aveuglément la légende. Elle n'a vu dans Christophe qu'un tyran barbare et sanguinaire. Pour elle, la Citadelle ne fut qu'un prétexte inventé par lui pour décimer son peuple. On ne voit pas trop le profit qu'il pouvait en tirer. Mais, quand c'est la haine et la passion qui exclusivement raisonnent, elles ne peuvent bien juger ni un pays, ni un homme, ni un acte.

Christophe, plein de sa pensée, fort de la conviction qu'il édifiait le Capitole où, dans un dernier assaut, les Haïtiens finalement repousseraient l'envahisseur, les yeux fixés sur son rêve, dut, sans doute, se montrer inexorable, inébranlable. Il contrôlait, surveillait en personne les travaux. Le plus petit écart, la plus légère négligence était sévèrement punie. Tout le monde mettait la main à la pâte. Les cultivateurs creusaient les tranchées, transportaient les pierres; les femmes, les enfants charroyaient le sable, le mortier,

3.

et les officiers de Christophe veillaient sur les escouades aux fins de stimuler le zèle de tous. Ici une anecdote. Un jour, dans une de ses rondes d'inspection, Christophe surprit un groupe d'ouvriers qui faisait encore la sieste, quand déjà, depuis plusieurs secondes, la cloche avait sonné la reprise du travail dans tous les chantiers. Furieux, le Roi se précipite sur l'officier qui avait la garde du groupe. Il lève sa canne. Mais, l'officier faisant deux pas en arrière et portant la main à son sabre : « *Sire*, s'écrie-t-il, *nous avons combattu ensemble pour ne plus être bâtonnés... Si vous me touchez, vous êtes mort !* »

C'était Philippe Guerrier, celui qui, durant les guerres de l'Indépendance, avait mérité le surnom de l'*Avancé*, parce qu'il était toujours aux premiers rangs. La justesse de ce raisonnement, le ton dont ces paroles furent dites calmèrent subitement Christophe. Il baissa sa canne et s'éloigna en murmurant : « *Au diable, canaille ! il a, ma foi, raison.* »

Christophe avait rassemblé dans les murs de la Citadelle un matériel prodigieux. C'est effrayant ce qu'elle renferme encore de bou-

lets. de canons, d'obusiers, de fusils, d'engins
meurtriers de toutes sortes en usage à l'époque. Il y a là de vastes chambres pleines de
pierres à fusil et d'une espèce de clous à trois
pointes qui, de quelque façon qu'ils tombent.
restent la tige en l'air pour estropier les
chevaux et les fantassins. Trois cent soixante-
cinq canons de gros calibre étaient montés
dans les embrasures du fort par batteries
superposées. Quelques-unes des voûtes qui les
supportaient se sont écroulées et la circulation
dans quelques salles est devenue dangereuse.
Il y avait les batteries du Roi, de la Reine, du
Prince Royal, des Princesses, etc. Le jour de
l'inauguration de la batterie de la Reine.
Améthyste, l'aînée des filles de Christophe.
donna le signal des salves, en mettant elle-
même le feu à une pièce de 36... . Prodigieux spectacle que celui de cette forteresse,
juchée à cette hauteur du Bonnet à l'Évêque.
quand ses 365 canons tonnaient à la fois, à
cette altitude !

De tous ces canons, non seulement de ceux
des batteries, mais encore des autres qui rem-
plissaient les casernes, bien peu sont restés.

Un gouvernement — ne vaut-il pas mieux taire son nom ? — a- donné son estampille officielle a un acte de vandalisme inouï en permettant la vente de ces reliques. Sans doute pour équilibrer le budget qui, dès cette époque, en avait, paraît-il, besoin, on a vendu au poids, comme vieux cuivre, ce bronze pour lequel Christophe rêvait un plus héroïque usage. La belle opération financière et comme ces quelques sous nous font grand honneur ! Nombre de ces pièces, des mains malhabiles des brocanteurs, roulèrent dans les ravins, et la plus grosse, celle dont la formidable voix réjouissait le roi Henri, la célèbre *Man Pinba*, rompant les câbles à l'aide desquels on essayait de la descendre, et vengeant l'affront, entraîna avec elle dans l'abîme quelques-uns de ses profanateurs !

Dans l'intérieur on avait construit un grand et confortable logement pour le Roi et sa cour, et des casernes spacieuses pour plus de dix mille hommes. Christophe avait mis là ses archives, ses trésors, ses objets les plus précieux : à l'abri de ces murs, il semblait qu'il fût invulnérable. En 1817, un coup de

tonnerre tombant sur une des poudrières fit
sauter une partie de l'édifice. Christophe non
seulement répara les dégâts, mais encore
entreprit l'exhaussement du monument.

Ce nouveau Titan se proposait vraisemblablement l'escalade du ciel. Jamais satisfait,
toujours en marche, il eut, comme pas un, le
trait qui distingue les hommes de cette époque :
le désir de l'*au-delà*, de l'*en-avant*. Regardez-les.
Fils d'esclaves, importés sur cette terre, ils
aspirent à être les égaux de leurs maîtres. A
peine le sont-ils qu'ils veulent se substituer à
eux et dominer à leur tour. Ce rêve réalisé,
ils ne s'arrêtent pas, et, inassouvis, de rêve en
rêve, ils s'asservissent mutuellement. C'est une
sève brutale, à l'étroit, qui leur suggère leurs
folies. Quoi qu'ils fassent, de quelques défro-
ques qu'ils s'affublent, ils ne sauraient être
carnavalesques ou grotesques : ils savent trop
bien répandre leur sang et celui de leurs ennemis. Ridicules, c'est nous qui le serons plus
tard.

C'est à la Citadelle que Christophe fut transporté après sa mort, enveloppé à la hâte dans
un hamac par ses serviteurs, et pieusement

suivi de sa femme et de ses filles à pied. Le
corps. le temps manquant pour l'ensevelir, fut
déposé dans une des salles du château servant
de resserre aux ouvriers. Un gros tas de chaux
vive s'y trouvait. On l'y enfouit précipitam-
ment. Quand le tas diminua, le cadavre, parfaitement conservé, apparut. Durant de longues
années, on put le voir ainsi. couché sur cette
couche d'un nouveau genre, et regardant de
ses yeux grands ouverts. Enfin, en 1847. on
soupçonna l'indécence de cette conduite. Le
corps fut enlevé de son lit de chaux et descendu
dans un mausolée élevé sur la place d'armes
de la Citadelle. Il dort bien là, le roi Christophe.
comme un Pharaon d'Egypte sous sa pyramide.

Du côté nord de la forteresse se trouvent les
cachots au fond desquels on ne parvient que
par des corridors et des escaliers en ruines. Je
n'y ai vu ni chaînes. ni instruments de torture.
avec lesquels on a si longtemps bercé notre
imagination. Du reste, les seuls objets qui se
trouvent à foison à Laferrière sont ceux desti-
nés à la guerre. Tout décèle à chaque pas la
pensée qui a édifié ce monument : tout parle
de batailles et d'espérances suprêmes. Rien

d'étonnant qu'il y eût des cachots dans la forteresse. Toute construction de ce genre en possède, et assurément la farouche discipline militaire de l'époque devait assez souvent y
recourir.

A les parcourir aujourd'hui, délabrés, ver-
dâtres, transpercés de toutes parts par l'humidité et l'eau croupissante, ils font frissonner.
C'est un suaire de glace qui tombe sur vos
épaules et vous donne la sensation d'angoisse
infinie d'une entrée anticipée dans la mort.
Là, la tradition raconte que Pierre Toussaint,
oublié, dévora, avant de mourir, une partie de
ses membres. Il cria son supplice durant des
jours et des nuits, et quand, n'entendant plus
sa voix, on ouvrit son cachot, on lui trouva les
poignets rongés et les veines déchirées de ses
propres dents.

Une des curiorisités de Laferrière sont ses
bassins toujours pleins d'une eau limpide et
cristalline. Très froide, cette eau semble avoir
une origine quelque peu mystérieuse. Provient-
elle de citernes ? Est-elle une source captée
par Christophe et habilement dérobée aux re-
cherches ! On ne sait. Nulle part on ne trouve

trace des travaux qui mettraient sur la voie.
Le secret est bien gardé, et l'eau inaltérable,
inépuisable, remplit abondamment les réser-
voirs. Quand on a quitté les chaleurs éner-
vantes du Cap, c'est un plaisir pour le voya-
geur de couper son *grog* de ce liquide bienfai-
sant et glacé.

Mais il faut monter à la plate-forme.

Un coup d'œil en passant aux salles inté-
rieures, où l'on vous montre quelques vieux
coffres défoncés et vermoulus que l'on éventra
pour les vider, jadis, à la mort de Christophe.
Les murs sont couverts d'inscriptions, de noms
d'illustres inconnus qui, naïvement, croient
passer à la postérité grâce au petit travail
qu'ils ont exécuté ici à la pointe de leur cou-
teau, tout dégoûtant encore de la sardine à
l'huile dont ils viennent de se régaler.

Nous voici au pied de l'escalier qui conduit
au sommet de la forteresse. L'herbe, qui est la
souveraine absolue du domaine, en a envahi
toutes les marches. On les grimpe pourtant
sans trop d'efforts. A mesure qu'on monte, à
mesure que la vue, que nulle barrière n'entrave, embrasse le prodigieux panorama qui se

déroule graduellement, on sent un hymne
d'enthousiasme, de délire, de folie, s'élever de
même dans le cœur, degré par degré, ensemble
avec les gradins qu'on franchit. Au sommet,
il éclate. C'est une fanfare, un cri d'allégresse,
un hosannah de victoire. Gloire à Christophe,
gloire à l'incomparable artiste qui éleva ce
poème de pierre en l'honneur de son pays et
pour sa défense ! Ah ! comme on comprend cet
amour barbare qu'il lui portait, en face de
ce spectacle ! L'île entière semble s'étager
à vos pieds, à perte de vue. On ne la voit
pas nettement, on la devine, sous ces in-
finis de verdure, d'azur, de ciel fondus dans
l'atmosphère d'une pâte idéalement bleue.
Domptant cette ivresse, le regard revient à des
contours plus précis. C'est plus de deux cents
lieues carrées qui, visiblement, s'affirment.
Voici le Cap, le Limbé, l'Acul du Nord, le Don-
don, Limonade, la Grande-Rivière, Ouana-
minthe, enfin Puerto-Plata et ses brouillards
argentés. Incomparable panorama ! Les océans,
les mers, les rivières au cours sinueux, les
hautes montagnes, les vallées profondes dans
l'obscurité verte, s'harmonisent dans des

nuances indéfinissables. Sur ce pic presque inaccessible, il semble qu'on ait devant soi une vaste toile, immobile et vivante à la fois, aucun bruit, aucun mouvement n'indiquant la vie qui palpite pourtant dans le moindre détail de ce merveilleux tableau.

Des nuages bas et légers jouent autour de nos têtes. Le froid est vif et piquant. Sous nos pieds un gouffre, le grand Boucan, montre ses profondeurs béantes. Sur l'épaisseur énorme du mur, de crainte de vertige, on se couche à plat ventre, et on écoute, et on sonde du regard. Des bruits étranges, la cacophonie mystérieuse d'un monde inconnu s'élève de l'abîme. C'est du mugissement, c'est de la rafale, de la plainte aussi. Cela crie, grince des dents, mugit comme la course brisée d'un torrent que le roc arrête, cela pleure surtout lamentablement. Toutes les victimes que Christophe fit précipiter dans le grand Boucan, dit la légende, hurlent ainsi au pied de la tour leur éternelle malédiction. La nuit, c'est autrement sinistre. Le gouffre s'agite, s'anime, vit, et la plainte des désespérés prend langue humaine. Les voix montent, dans le silence des bruits, distincte-

ment, disant leur détresse et implorant misé-
ricorde. On sent le défilé des ombres qui
errent en bas... Pourquoi se lamentent-ils
ainsi, les sacrifiés, quand Christophe est si
tranquille dans son tombeau de la place
d'armes ? Il aurait trouvé la paix, et eux
pas ? Ce serait injuste. Mais ne demandez pas
la logique aux légendes. Il serait toutefois
curieux de passer la nuit sur cette plate-
forme, tout seul, disposé à subir et à noter
l'influence magnétique qui doit se dégager de
cet attirant précipice.

De cette hauteur, on vous montre le palais
du Ramier ou plutôt l'emplacement sur lequel
il s'élevait. Je n'ai pas besoin de dire que ce
palais était ainsi nommé parce que le ramier
se trouvait en abondance dans cette commune.
Christophe l'avait décrété oiseau royal. Défense donc à quiconque d'y toucher. La
chasse en était exclusivement réservée au roi
et à ses invités. Aujourd'hui chacun, pourvu
qu'il ait œil juste et bon fusil, peut se payer
un ramier dont la chair, en ces endroits, est
particulièrement savoureuse. Du temps de sa
splendeur, le palais du Ramier renfermait des

appartements spacieux et confortables pour une suite nombreuse. Le luxe et la pompe habituels à Henri s'y rencontraient. Il n'y manquait pas non plus, comme dans ses plus petites habitations, l'inévitable salle de billard, car ce jeu était sa passion favorite et il était le plus fort caramboleur de son royaume.

Il faut s'arracher, enfin, à ce spectacle que rien ne saurait rendre, à ce déploiement magnifique, ininterrompu de richesses que l'œil a peine à embrasser. L'heure a passé. Nous avons juste le temps de casser une croûte et en route pour le Cap, où le *Dessalines* m'attend, au jour levant, pour me transporter au Port-au-Prince. En franchissant la poterne, dont les battants grincent sinistrement avec un bruit de vieux fers, de ferraille disjointe, on nous fait visiter à droite le dépôt de la briqueterie du Roi. Il renferme encore un nombre considérable de briques rouges, énormes et lourdes. On voit bien que les ouvriers qui les fabriquaient ici ne faisaient pas des jouets d'enfant. Nous voilà en selle. Un dernier regard à la fière ruine qui dresse sa tête chevelue jusqu'aux nuages. Déjà la chouette a jeté son cri nocturne. C'est aujourd'hui, à la Citadelle, la seule façon de sonner la retraite.

Nos historiens qui se sont appesantis sur les cruautés de Christophe ont émis, touchant la Citadelle, une opinion commode pour expliquer cette construction et la condamner. Ils ont dit que Christophe était fou — atteint d'un délire sanguinaire qui voulait faire périr le peuple haïtien dans des travaux excessifs et inutiles.

J'avoue que cette opinion me paraît téméraire.

Pour juger une époque, il faut se mettre dans sa peau, entrer dans ses sentiments, dans ce qui constitua son âme du moment. Or, longtemps après les guerres de l'Indépendance, l'obsession formidable, latente, le cauchemar de chacun fut le péril étranger. Cette obsession ne faisait pas peur, elle ne faisait pas trembler Elle tenait les cœurs en éveil et les préparait aux sacrifices futurs qu'ils étaient tout prêts à accomplir. Dessalines avait trouvé la formule épique : « *Au premier coup de canon d'alarme, les villes disparaissent et la nation est debout !* » Christophe, moins lyrique, plus stratège et meilleur administrateur, pensait que l'adjonction de quelques bonnes forteresses aux accidents naturels de notre sol ne sauraient nuire. De là Laferrière. Laferrière répondait aux préoccupation de tous. Et depuis la pauvre femme des champs qui apportait sa pierre aux fondations jusqu'au général qui conduisait les corvées, chacun sentait qu'il coopérait à une œuvre patriotique et nationale.

Laferrière a été inutile parce que les événements ont eu un cours qu'il eût été, à l'époque, difficile et bien imprudent de prévoir. Sa construction n'en fut pas moins inconstestablement dans la logique contemporaine. Qu'elle n'ait pas servi, peu importe. Elle est et demeure un des plus beaux chants de notre cycle héroïque.

Inutile, en est-on bien sûr? En dehors et au-dessus de sa valeur stratégique, la Citadelle est un vivant exemple du génie haïtien. Elle prouve l'effort dont ce génie est capable et qu'on peut obtenir de lui. Ne serait-ce que cela, ce résultat n'est pas à dédaigner. Car, de même qu'on expérimente une plaque d'acier pour s'assurer de sa solidité, il n'est pas indifférent d'éprouver la force d'un peuple. Christophe l'a fait et c'est la philosophie du monument qu'on voit sur la crête du Bonnet-à-l'Evêque. Haute philosophie de l'effort, du travail, de la discipline, de la règle qu'il s'appliqua à faire régner dans ses Etats !

En effet, ses quatorze années de gouvernement portèrent à un haut degré la prospérité du pays. En 1818, le seul port du Cap exportait 1,500,000 livres de sucre, 20,000,000 de livres de café, 500,000, de livres de cacao, 4,000,000 de livres de coton, sans compter le campêche, l'acajou et différents autres bois de construction. On juge, d'après ces chiffres, quelle devait être la production totale du royaume. Aussi Christophe personnellement était-il puissamment riche. Si on ne peut guère évaluer sa fortune mobilière, on peut au moins s'en faire une idée en considérant ce qu'il possédait en terres et châteaux. En dehors des palais de Sans-Souci et du Cap, il en avait six autres dans différentes villes et plus de quinze châteaux, dont les plus célèbres furent *Tenez-y*, *Mettez-y*, les *Délices*, *Bellevue-le-*

Roi. Le nombre de ses *plantations* de cannes et de ses habitations sucrières était considérable. Ce furent, du reste, ces richesses qui, en partie, causèrent sa chute. Quand on le vit impuissant et malade, on se révolta pour le piller. Le premier acte de l'insurrection fut le partage du Trésor du Cap, et on continua partout ainsi, faisant main basse sur l'argent et les objets précieux, incendiant les palais et les plantations. Quand on fut bien gorgé, on songea à restaurer, rien que pour le profit personnel, le système de Christophe. Vaine illusion, car où était l'homme capable d'assumer cette tâche ?

Au surplus, les traits de cette physionomie, à mesure que les années s'écoulent, reprennent leur vraie proportion et s'accentuent sous le jour qui leur est propre. Ce n'est pas une réhabilitation, c'est presque une restauration, telle une peinture retrouvée sous d'anciens badigeons. Ce qui aide à cette restauration, ce sont les traits généraux, caractéristiques de cette administration et qu'il n'a pas été possible d'effacer. Le Christophe de la légende, quand il ne contredit pas formellement celui de l'histoire, lui fait ainsi une opposition trop sensible pour n'être pas invraisemblable.

Sous cette administration, l'ordre le plus parfait régnait dans les villes aussi bien que dans les campagnes. Tout le monde travaillait, excepté les dimanches et les fêtes, où s'amuser devenait obligatoire. On ne peut pas seulement dire que le vol était proscrit : on en avait perdu l'habitude. Une bourse se perdait-elle, le lendemain son propriétaire la retrouvait, à la même place, intacte. Sur les wharfs ouverts, les navires débarquaient en toute sécurité. Les marchandises y passaient la nuit, sans gardien.

A la cour, la plus grande magnificence régnait quand Christophe recevait des hôtes de distinction. On dit même que, dans ces circonstances, pour ajouter encore à l'éclat des fêtes, il remplissait d'or les poches de ses courtisans. Seulement, ils étaient tenus, ajoutent les mauvaises langues, de rapporter fidèlement à la cassette royale les sommes ainsi prêtées. Prodigue pour les dépenses publiques, dans la construction des palais, des routes, de tout ce qui devait rehausser le

4

prestige national, il était économe de nature
et ne supportait ni majorations ni fraudes
dans les comptes de l'Etat. Son ministre des
finances, Vernet, étant mort, il ordonna que
des funérailles imposantes lui fussent faites.
L'entreprise fut mise au concours. Brelle, depuis archevêque, l'emporta. Après la céré-
monie Christophe, trouvant qu'elle n'était
pas en rapport avec la somme adjugée, se fit
apporter le mémoire et, épluchant les chiffres,
le fit réduire du tiers.

Dans un déplacement qu'il fit avec l'amiral
anglais Popham, celui-ci fut émerveillé de
rencontrer partout des villages riches, bien
cultivés, des populations laborieuses se pres-
sant sur les pas de Christophe. Se trouvant à
Port-au-Prince quelque temps après, il ra-
conta ce qu'il avait vu. On ne manqua pas de
lui assurer qu'il avait été dupe, que ces villages, ces populations étaient ambulants, qu'ils
suivaient le monarque dans ses tournées et
qu'ils étaient chargés, sous le bâton et le supplice, de simuler l'enthousiasme et la richesse.

Mais ce qui paraîtra étrange et invraisemblâble, dans un temps où les âmes étaient loin d'avoir perdu tout ressort, c'est qu'il est parfaitement établi que ce tyran, cet homme qui se faisait un jeu de la vie de ses sujets, se promenait seul dans les rues du Cap, accompagné d'un page. La légende a-t-elle trouvé dans Christophe un terrain préparé à une facile exploitation ou le mobile des actes qu'elle lui prête lui a-t-il échappé ?

En attendant, il faut déplorer que le peuple haïtien, en le laissant tomber en ruines, ait répudié cet héritage. S'il avait coûté si cher, c'était un motif de plus pour y tenir. La citadelle Laferrière, plantée sur la cime du Bonnet-à-l'Evêque, était tout indiquée pour être le musée de nos gloires nationales, car, à elle seule, elle en formait la plus noble et la plus belle !

HAÏTI ET LES ÉTATS-UNIS

Port-au-Prince, le 24 décembre 1889.

Monsieur le Directeur de la *Paix*.

Monsieur,

Seul de tous les journaux de Port-au-Prince
— qui en compte pourtant une dizaine — votre
journal s'est occupé de l'absorption de notre
pays par les États-Unis, absorption qui est à
l'ordre du jour de toutes les conversations...
Vous en avez profité pour constater que l'Haïtien est patriote et ne consentirait à aucune

cession de territoire, à aucun protectorat étranger.

Vous avez raison.

Le peuple haïtien n'est ni américain, ni français, pas plus qu'il n'est anglais ou allemand. Il est haïtien et tient à le rester. L'histoire de ces esclaves africains qui, presque nus, sans armes, marchaient droit devant eux, sans souci de la mort et ne la ménageaient pas à leurs ennemis, est unique dans le monde. Ce sont là nos origines et notre noblesse. Elles sont assez bonnes pour mériter qu'on les garde.

La question que vous soulevez est-elle sérieuse et oblige-t-elle vraiment qu'on s'en préoccupe ? Faut-il jeter le cri d'alarme ?

Que les guerres civiles nous font de mal, car voilà leurs fruits ! Ce sont elles qui non seulement détruisent nos villes et prélèvent le formidable tribut que l'on sait sur nos concitoyens des campagnes, sans intérêt pourtant dans la curée des places, mais, tristes conséquences, réveillent la convoitise de l'étranger. Il est si commode de se donner, à notre détriment et pour la satisfaction de ses appétits, une prétendue mission civilisatrice !

4.

Tout le temps que nous ne faisions du tort qu'à nous-mêmes, en nous entr'égorgeant, nous pouvions prendre plaisir à décorer nos agitations civiles des noms sonores de *résistance à l'oppression*, de *revendication des libertés méconnues*, etc.

C'est fini de rire, paraît-il. Aujourd'hui, c'est notre existence sociale qui est menacée, c'est l'œuvre de ces héroïques va-nu-pieds d'avant 1804, qui n'attendirent pas qu'on leur octroyât la liberté, mais la prirent, et la terre aussi, cette terre, leur domaine, par le droit de la sueur et du sang — c'est cette œuvre-là qui est en péril !

Faut-il continuer à nous haïr et à nous déchirer, dût la patrie en mourir ? Est-il donc impossible que gouvernants et gouvernés, abjurant, pour le salut commun, toutes rancunes, toutes rivalités, donnent enfin le spectacle d'une Haïti calme et sage, se développant pacifiquement sous l'égide de ses propres lois et faisant dériver vers le travail et l'industrie toute cette sève exubérante, tout ce courage gaspillés jusqu'ici dans les prises d'armes et les révolutions ? Pourquoi l'union ne se ferait-elle pas sur cette base ? Voilà un admirable terrain d'entente, s'il reste aux partis le moindre patriotisme... Et puis ne devonsnous pas, ne pouvons-nous pas mettre plus d'habileté, plus de conviction réfléchie, plus de sens pratique, en un mot, dans nos rapports avec l'étranger ?

Nous sommes, de toute évidence, frappés d'aveuglement...

Deux courants, alternativement, dominent notre politique extérieure. Tantôt nous inclinons vers la France, tantôt nous penchons vers les États-Unis. C'est la faiblesse et l'incapacité de nos hommes d'État, il faut le dire, qui sont cause de ces tiraillements. Ils ne devraient pourtant jamais oublier que dans notre situation notre seul objectif doit être d'entretenir de bons rapports avec toutes les puissances sans avoir de préférence pour aucune d'elles. Les préférences excitent la jalousie, suscitent la défiance, le soupçon de projets cachés, l'irritation, et c'est sur notre dos que jaloux et jalousés passent leur déception et leur mauvaise humeur.

La sagesse nous commanderait donc de sui-

vre entre les États-Unis, qui affichent que l'A-
mérique leur appartient — traduction vraie de
la doctrine Monroë — et la France, vers qui
nos mœurs, nos usages et la langue nous pous-
sent, la plus stricte bienveillance, la plus parfaite égalité. Mais, encore une fois, la sagesse
ne conduit malheureusement pas nos affaires!

Certes, j'aime la France de toute mon âme,
de toute la puissance affective que Dieu m'a
départie. Je l'admire comme la première nation du globe, si la générosité des sentiments,
l'élévation des idées, la grandeur morale, peuvent donner le premier rang parmi les peuples.
Elle est et restera le flambeau, l'inspiratrice
du monde, celle vers qui tous les cœurs, toutes
les mains se tendent dans un danger suprême
ou dans la conception d'une haute pensée.
Hier encore, da Fonseca, le républicain brési-
lien, ne voulait-il pas mettre sa révolution sous
le patronage de la grande épopée de 89?

J'admire les États-Unis comme l'exemple le
plus prodigieux du développement de l'activité
humaine qu'il soit donné aux hommes de contempler. On peut se passionner pour les lettres,
les arts, les sciences dont la France est l'ex-

pression la plus frappante dans le vieux monde, sans rester indifférent devant les merveilles industrielles dont New-York, Chicago, Boston, Philadelphie, sont les brillants représentants.

J'ai voyagé, il y a deux mois à peine, avec l'homme qui résume le mieux les tendances de sa race, celui qui personnifie le génie américain, c'est-à-dire ce génie fait surtout de sens pratique, d'observations immédiatement réalisables et profitables.

J'ai nommé Edison... Je ne me suis jamais incliné plus bas que devant cet homme qui double nos jouissances dans la vie par tant de découvertes utiles et dont la gloire, à chaque pas, frappe les yeux dans une clarté d'apothéose !

Mais quel est l'homme qui, ayant seulement une goutte de sang africain dans les veines, peut oublier qu'aux États-Unis le préjugé de couleur est un dogme social ? Comment oublier que c'est le seul pays, dans le monde entier, où ce préjugé est si fortement établi que les institutions politiques et civiles n'ont aucune prise sur lui ? Il serait criminel de la part d'un citoyen de songer à inféoder son pays à

l'étranger. Ce crime serait sans nom dans
aucune langue s'il s'agissait des États-Unis.

Le sentiment national ne verrait là qu'un
djob gigantesque plus fameux que tous ceux qui
ont deshonoré l'histoire d'aucun peuple.

Malgré les déboires de notre existence sociale, les révolutions incessantes, la vie into-
lérable que nous fait ce prurit révolutionnaire
qui nous pique, il y a, qu'on le croie bien, un
certain orgueil à être haïtien. Il faut analyser
cette jouissance pour la comprendre. Elle est
pourtant réelle. Elle tient, ce semble, dans
cette satisfaction — satisfaction payée bien
cher, parfois de son sang, de sa vie, de la
ruine des siens — de se dire qu'on est le seul
peuple de race noire qui, dans le monde entier,
soit véritablement indépendant, dont le sol
n'est pas foulé par le pied d'un maître ou d'un
protecteur, le seul peuple d'origine africaine
réellement libre de toute immixtion extérieure,
quelle qu'elle soit. Nous tenons à ce sentiment-
là et il faut vraiment que nous y tenions pour
qu'après tant de guerres civiles odieuses, nous
soyons prêts à lui faire les plus grands sacrifices, prêts à lui donner les derniers restes de

ce sang si appauvri par nos dissensions intestines!

Et nous n'avons pas tort. Il n'est pas mora-
lement prouvé que les faibles soient la pâture
des forts. C'est une doctrine antichrétienne
et il est méritoire d'y résister.

Au surplus. l'histoire nous offre quelques
exemples de nations sans foi, sans patriotisme,
et dont pourtant l'indépendance a été sauvée
par l'admirable politique de leurs hommes
d'Etat, politique de prévoyance, d'habileté inquiète et vigilante, d'efforts sans cesse entre-
tenus, avançant ici, reculant là, faisant servir
les incidents quotidiens, les intérêts, les passions, l'ambition des uns et des autres, à défendre victorieusement la Patrie menacée.

Qu'est-ce donc que la diplomatie, que les
relations avec les grandes nations, que nos
coûteuses ambassades de Paris, de Londres, de
Madrid, de Berlin, de Washington, si elles ne
peuvent établir que l'intérêt colonial et com-
mercial de l'Angleterre, de la France, de l'Es-
pagne exige que nous conservions notre indépendance vis-à-vis des États-Unis, comme la
politique des États-Unis doit désirer que nous

gardions cette même indépendance vis-à-vis
des puissances européennes ?

A Washington même, toutes les grandes voix
ne sont pas mortes, et un Charles Sumner
peut renaître.

Le peuple haïtien n'a perdu ni la foi, ni le
patriotisme. C'est à nos hommes d'État de démontrer qu'ils sont à la hauteur de leur situation (1).

---

(1) Après notre dernière guerre civile et sous le
gouvernement du général Hyppolite, la question du
protectorat américain s'était réveillée avec une per-
sistante acuité. Bien que tout le monde se fût donné
le mot pour ne pas en parler officiellement, on peut
dire qu'elle fut à l'ordre du jour de toutes les préoc-
cupations. Pas un député, pas un sénateur, pas un
homme public — de ceux qui ont mission de parler
pour et au nom de la nation — ne jugea nécessaire
d'interroger le gouvernement, de lui demander ce
qui se passait, ce qui se tramait. Et pourtant chacun
causait des prétentions de nos puissants voisins,
des négociations qu'on sentait dans l'ombre, des
allées et venues suspectes, de certains mots impru-
dents que les marins lâchent quand ils se mêlent de
diplomatie. Ainsi l'amiral américain Ghérardi, qui
devait séjourner si longtemps dans nos eaux, osait
déclarer au chef de l'État, parlant à sa personne :
« *Je ne permettrai pas qu'aucune puissance essaie
de balancer notre influence près de vous !* » Il con-
viait le public à visiter son bateau, et à ceux qui y
allaient, il disait brutalement : « *Il nous faut le
Môle, et nous l'aurons* ». Puis un jour deux, trois

INAUGURATION

DE LA SOCIÉTÉ DE LÉGISLATION

Messieurs,

Une indisposition de notre président me vaut l'insigne honneur d'ouvrir la séance d'inauguration de la Société de Législation : vous y perdrez assurément.

---

navires venaient le rejoindre; successivement, la flotte s'augmentait, et Port-au-Prince arrivait à posséder dans sa rade cinq cuirassés de premier ordre et deux amiraux américains. Il y eut alors un grand malaise dans le peuple. Un instant, on put croire que la paix publique allait être menacée. Puis les bateaux repartirent les uns après les autres.

Ces faits doivent être toujours présents à notre mémoire, car ils portent un enseignement que nous ne devons pas oublier. C'est que notre ennemi le plus terrible, celui qui met notre indépendance, le droit de nous appartenir à nous-mêmes, en péril, c'est la *guerre civile !* Or, comme le remède à ce danger est tout entier dans nos mains, c'est à nous de décider si nous voulons vivre ou mourir.

Jusqu'à la dernière heure, j'espérais que M. Preston aurait pu vous dire avec toute l'autorité de son expérience, tout le charme de sa persuasive conviction, le but que nous nous proposons, l'effort que nous essayons.

Il n'en est pas ainsi, malheureusement, et il faudra vous contenter d'une appréciation sommaire, là où vous étiez en droit d'attendre une forte parole.

Ce qui me rassure, pourtant, c'est que notre œuvre n'a pas besoin d'être trop largement expliquée ; c'est que sa nécessité se démontre toute seule et que tous vous sentez quels services elle peut rendre et de quelle sollicitude, partant, elle doit être entourée. On peut dire sans crainte de se tromper que sa création répondait à un besoin public. C'est ce qui explique l'accueil sympathique qui nous a été fait.

Une Société de Législation, en effet, ne s'imposait-elle pas en Haïti où tant de questions vitales pour les intérêts et l'honneur des citoyens sont souvent résolues avec la légèreté et la précipitation la plus déplorable ? A quoi devons-nous parfois ces conclusions erronées

et funestes qui attristent et désolent? N'est-ce
pas à cette absence de notions positives, à cet
éloignement pour les discussions approfondies,
n'est-ce pas à ces opinions toutes faites dont
une minute de réflexion aurait fait voir l'ina-
nité et qu'on se passe non de cerveau à cerveau, mais, à proprement dire, de main en
main, et qui, portées par notre indifférence,
notre insouciance, arrivent à s'ériger en dog-
mes dans l'État ou dans la loi? Au début, il
eût suffi d'une piqûre d'épingle pour arrêter
dans leur ascension ces ballons en baudruche.
Maintenant il est trop tard, et on ne s'en débarrasse qu'après le mal commis et démontré.

Qu'on ne s'y méprenne pas, toutefois : nous
n'avons, Messieurs, nullement la prétention de résoudre toutes les questions ; nous
n'avons pas la science infuse : nous ne pro-
fessons pas *ex cathedra*. Non, nous sommes
tout bonnement, tout simplement, de modestes
travailleurs, cherchant le vrai de compte à
demi avec le public auquel nous faisons confi-
dence chaque mois de nos incertitudes et de
nos doutes.

Peut-être bien que des études préparatoires,

une certaine habitude des questions juridiques
et économiques, notre goût pour les discussions théoriques pourraient nous inspirer quelque confiance en nous-mêmes. Notre ambition
ne serait pas absolument disproportionnée :
mais c'est surtout dans notre bonne foi, dans
notre amour de la science, dans notre tolérance pour toutes les opinions, pourvu qu'elles
démontrent un effort intellectuel quelconque,
c'est dans cet orgueil national qui nous fait
tressaillir d'aise quand un acte de notre vie
publique, quel qu'en soit l'auteur d'ailleurs,
est rendu avec précision, clarté et logique, que
nous sentons nos meilleurs et plus sûrs éléments de succès.

De là notre devise : *Pro patria* ! Nous avons
peut-être le tort de l'avoir dit en latin ; mais
sincèrement, loyalement, c'est pour la Patrie
que nous voulons travailler. Nous ne prati-
quons pas l'abstention, et la foi qui n'agit pas,
selon nous, est un mensonge quand ce n'est
pas un masque pour cacher l'impuissance.
Donc si, pour quelque faible part qu'elle soit,
nous augmentons chez nous le goût des discussions de principes, si nous y intéressons

quelques esprits, si, même dans une limite
restreinte, nous démontrons ce que de bonnes
lois, basées sur la raison, acquièrent de force
réelle et de facile exécution. n'aurons-nous pas
rempli une tâche excellente et méritoire ?

Il me semble que ce pays qui a traversé
tant de phases violentes et douloureuses, qui
est surtout habitué aux conversations, trop
bruyantes en vérité. où la poudre parle si
longuement et si désastreusement, gagnerait
quelque peu si des Sociétés comme la nôtre,
conversant uniquement de science, pouvaient
se développer et prospérer. L'étude des lois
donne à l'homme je ne sais quel sentiment de
réciprocité équitable vis-à-vis de son semblable qui empêche souvent les actes mauvais.
Et quand on n'y devient pas meilleur, on y
prend toujours un certain pli d'esprit qui vous
fait fuir les solutions violentes, les appels au
hasard des révolutions. C'est vrai que quand
on a appris à respecter la loi, c'est à elle
qu'on s'adresse, de prime abord, pour redresser les choses.

Vous jugerez. je pense. que la devise de
notre Société n'est pas exagérée. Du reste,

quels que soient ses destins, elle pourra toujours dire, si elle ne réussissait pas, qu'elle *aura eu du moins l'honneur de l'avoir entrepris !*

Nous ferons, soyez-en sûrs, tout ce qu'il faudra pour réussir. Ainsi, nous n'avons eu garde d'oublier, Mesdames, l'élément de succès par excellence, l'élément féminin. Certes, nous savons que le cerveau de la femme, aussi bien que celui de l'homme, est apte aux discussions les plus concrètes. On dirait même de nos jours, par une sorte de coquetterie et de charmante antithèse, que la femme veut marcher à côté de l'homme dans les champs les plus divers de la science, tout comme elle a marché jusqu'ici à ses côtés dans ses douleurs et dans ses joies.

Pourtant, nous avons pensé qu'il fallait vous intéresser au développement, à la vie de notre œuvre par quelque chose d'une féminité plus personnelle. Il y aura donc des fêtes, selon le vœu de nos statuts. On dansera — ne riez pas — pour propager les études juridiques et économiques en Haïti. C'est qu'il y a aussi dans notre Société des jeunes qui n'ont pas abdiqué leur droit à la jeunesse et au rire.

Nous regrettons, Messieurs, que les multiples occupations du Président de la République ne lui aient pas permis d'assister à
notre séance d'inauguration. Il applaudit,
nous en sommes convaincus, à la fondation
d'une Société qui est un signe des temps et qui
révèle un état absolument normal du pouls
populaire. Oui, il faut que les temps soient à
la paix pour qu'un groupe de citoyens doués,
en somme, de quelque intelligence, de quelque expérience, ait pu penser à une telle
création. On ne songe pas à étudier les lois,
quand elles peuvent être d'un moment à l'autre
foulées aux pieds.

Le Président de la République sait aussi
qu'à la Société de Législation nous sommes les
fervents adeptes de cette école qui professe et
pratique qu'on doit soutenir le gouvernement
établi, d'abord parce que, en thèse générale,
la paix est le plus précieux des biens, ensuite
parce que, selon les intérêts bien entendus de
cette école, la paix seule peut lui donner, à
elle qui n'a d'autre outil que son patriotisme
et sa foi, quelque chance de réaliser, dans
l'avenir, un programme de relèvement natio-

nal. Cette école enseigne donc l'horreur de la
guerre civile qui bouleverse tous les rangs,
détruit les prérogatives du mérite et de la
vertu, nivelle les hommes à rebours..... Que
dis-je ? qui fait de l'inconscient, du déclassé,
non pas l'égal, mais le maître du citoyen
honnête et patriote.

Grâces donc, Messieurs, soient rendues à la
paix qui a permis à la Société de Législation
de naître ! Puisse-t-elle, notre Société, se
développer sous l'égide bienveillante des pouvoirs publics et contribuer à inspirer à tous,
grands et petits, le respect, le culte de la
Loi ! (1).

Le 14 mai 1893, j'eus encore l'honneur, en ma
qualité de représentant officiel du Gouvernement,
d'appuyer de nouveau sur ce côté caractéristique de
notre Société :

Messieurs,

Je répète ce que chacun pense et je suis
heureux de le répéter : c'est un glorieux anni-

---

(1) La Société de Législation, dont l'inauguration
eut lieu le 8 mai 1892, est une des créations les
plus utiles de l'esprit d'initiative en Haïti. Fondée
par des hommes résolus et dévoués à l'avancement

versaire que celui de la Société de Législation.

Dans une œuvre méritoire et absolument originale, vous avez créé une petite Académie où, animés de la plus noble ambition, celle de vous instruire et d'instruire les autres, vous commentez nos codes et nos lois. Combien ces associations sont indispensables dans notre pays? Ce n'est pas seulement par les résultats obtenus et que la brillante période que vous venez de parcourir a suffisamment démontrés, c'est surtout par cette affirmation, cette constatation solennelle que toutes les difficultés sociales peuvent se résoudre sûrement par la science et l'analyse que des sociétés comme la vôtre ont droit à toute la sollicitude des pouvoirs publics dont elles sont les vrais alliés. Vous démontrez que l'esprit national, lassé des agitations stériles, sans profit aucun pour l'enrichissement de la Patrie, tend à se retourner vers les profitables et fécondes discussions

---

moral de leur pays, elle a rendu et continue à rendre les plus grands services.

C'est un salon de bonne compagnie où les choses de l'esprit ont, seules, droit de cité et où il fait bon se reposer des discussions et potins du jour.

5.

de la science juridique. laquelle redresse le
jugement, fortifie la conscience et peu à peu
enseigne à tous qu'il n'y a qu'une souveraine :
la Loi !

Comptez donc, Messieurs, comptez sur toute
la bienveillance du Gouvernement. Vous êtes
un peu son œuvre et une de ses plus belles,
je me hâte de le dire, car c'est grâce à la
paix qu'il a su fonder en Haïti que vous avez
pu avoir votre plein développement. On n'étu-
die bien les lois, on ne disserte efficacement sur leurs mérites ou sur leurs défauts
que lorsque le calme règne dans la rue. Vous
avez raison de parler, comme vous venez de
le faire, du Président de la République. Personne n'estime, ne prise plus votre Société que
lui. Il ne laisse échapper aucune occasion pour
vous témoigner sa confiance et sa sympathie,
pour vous marquer toute la haute estime dans
laquelle il vous tient. Et chaque fois qu'une
difficulté se présente, chaque fois qu'un point
obscur mérite d'être mis en évidence, c'est
encore lui qui nous recommande de nous
adresser à vos lumières et à votre patriotisme !

L'ÉTRANGER EN HAÏTI

Par la langue, par les mœurs, par le rôle historique qu'elle y a rempli naguère, la France devrait peut-être garder le premier rang dans l'échelle des importations d'Haïti.

Il n'en est plus ainsi toutefois et les industries rivales des États-Unis et de l'Allemagne lui font une rude concurrence. Certainement, quelques causes économiques ont contribué à ce changement : mais il y en a d'autres que l'on peut appeler *morales* qui, progressivement, écartent de notre pays le Français et par là l'industrie et les produits de la France.

A Port-au-Prince. capitale de l'île, on ne

voit plus que quelques maisons françaises
contre un nombre considérable de comptoirs
de nationalités diverses qui monopolisent le
haut commerce et la banque. Curieux phéno-
mène : tandis que les Haïtiens, chaque année,
par leurs voyages réitérés en France, s'habi-
tuent à la considérer comme une seconde
patrie, les Français désapprennent le chemin
de leur ancienne colonie ! Haïti ne leur dit
plus rien : elle n'éveille chez eux qu'un intérêt
sans cesse décroissant.

Il faut assurément chercher les causes de
ce détachement dans ce que le pays, de jour
en jour, est plus mal connu, plus défiguré.
Une légende malveillante se fait autour de
nous. Tandis que Saint-Domingue, l'ancien
Eldorado, plane dans l'apothéose, la jeune
Haïti ne trouve que des visages renfrognés par
les souvenirs du passé, que des esprits que
les racontars de journaux, les récits fantai-
sistes de voyageurs brodant sur de vieux thè-
mes, disposent mal envers elle.

Une espèce qui nous est particulièrement
funeste est celle des professeurs que, à grands
frais, nous importons pour l'éducation de

notre jeunesse; Ils n'éduquent rien absolument ; en revanche, ils crayonnent. pour combattre la nostalgie qui les ronge. des carica-
tures contre le peuple auquel ils ne peuvent
se faire. Habitués aux raffinements parisiens,
n'ayant jamais voyagé au loin. jamais peut-
être entrevu l'Océan qu'au théâtre, tombés
brusquement dans un milieu qui les décon-
certe. cantonnés dans une situation néces-
sairement modeste en face de fortunes que la
spéculation et le négoce édifient subitement.
ils sont vite désillusionnés et aigris. Ils se
vengent en nous présentant, dans des livres à
sensation. comme des sauvages et des grotesques, et éloignent ainsi de notre ile bon nombre de ceux que la langue. les mœurs, une
situation historique bien établie devraient, au
contraire. y attirer.

Si on savait pourtant la vérité !... Nous ne
sommes fatals. en somme, qu'à nous-mêmes.
Tout est facile. tout semble permis à l'étranger. Il trouve la cordialité, l'aménité la plus
parfaite. dans toutes les classes. Si même.
négligeant les conseils de la plus vulgaire
hygiène — car rien n'est plus aisé. en Haïti,

que d'éviter ces prétendues épidémies dont
quelques cas isolés ne relèvent que de la
témérité de leurs auteurs — il tombait malade,
la femme haïtienne, admirable de dévouement
naïf et bon, est à son chevet, le soignant avec
toute son angélique patience, toute son âme.
Ce n'est pas la cupidité qui la pousse, elle est
maternelle, elle est infirmière d'instinct.
Aguerrie à ces réels combats pour la vie, elle
en sort victorieuse et rarement sa vigilante
affection est vaincue. Cet éloge, nos pires
ennemis se sont plu à le rendre à la femme
haïtienne.

Ah! je sais que nos trop fréquentes guerres
civiles sont le grand grief qu'on invoque contre
nous. C'est cette instabilité qui nous est
funeste et arrête nos progrès. Je ne prétends
pas nous en défendre, ni, à plus forte raison,
essayer de nous en absoudre. Nous n'avons pas
d'excuse et nous méritons mille fois plus de
railleries et d'injures en nous éternisant ainsi
dans les petites comédies ridicules et san-
glantes dont depuis trop longtemps nous
donnons le spectacle. Mais c'est justement
pour les annihiler, pour les détruire, au moins

pour contrebalancer leur influence par le groupement des intérêts, qu'il faut désirer une extension de plus en plus large des relations commerciales d'Haïti avec les peuples civilisés.

Si les Haïtiens, en effet, sont toujours victimes de leurs dissensions intestines, ils n'en sont ni les concepteurs, ni les machinateurs. Trop souvent ils ne sont que des marionnettes aux mains de spéculateurs sans vergogne. Aiguiser les passions, pousser les gens les uns contre les autres, est un métier très lucratif pour lequel point n'est besoin de prendre *licence*. C'est le gagne-pain avéré d'une classe d'étrangers qui nous exploitent, comme les forbans jadis écumaient les mers d'Amérique. Il n'est pas rare d'entendre un des membres de cette corporation — banquier, importateur, brocanteur ou simple chevalier d'industrie — partir en guerre et menacer le gouvernement qui ne se laisse pas tondre de lui faire payer cher sa résistance. Il souffle sa passion, recrute des clients, lâche un peu d'or. Ce n'est pas plus difficile que cela, et voilà une future révolution à l'horizon. Tandis que l'Haïtien joue sa tête et tout ce qu'il possède, l'aventurier n'a rien à perdre ; il a tout à gagner au contraire. Aussi de quelle ardeur n'est-il pas enflammé ! Dans la pauvre cervelle qu'il a endoctrinée, il distille goutte à goutte le venin de ses discours pernicieux ; il met en rapport, il soude des éléments disparates qui, sans lui, n'auraient pu jamais se réunir ; il reçoit les correspondances suspectes, fait parvenir les réponses, répand les bruits sinistres, provoque les paniques, fixe le jour et l'heure du coup de main, — tout cela au nez de l'autorité et sous le couvert de son pavillon étranger.

On comprend que, de temps en temps, l'indignation nationale éclate et se traduise par quelques expressions un peu vives contre ces exotiques. Il faut se garder, en Europe, de confondre dans cette qualification le commerce honnête et régulier qui est l'honneur d'Haïti et qui, demain, sera sa civilisation et sa gloire. L'*exotique*, pour l'Haïtien, est l'être sans foi, sans conscience, débarqué avec la pensée arrêtée de faire fortune par tous les moyens et qui la fait sur nos cadavres. Il descend en

droite ligne des compagnons d'Ovando. Les
premiers conquérants ayant épuisé les mines
d'or. il exploite. lui. le filon de la guerre civile.
Il l'exploite sans pitié. avec l'impassibilité et
la sérénité des *conquistadores*.

C'est contre lui. contre les dégradations et
les ruines qu'il rêve pour assouvir son ambition que nous devons nous liguer. appuyés
sur le négociant et l'industriel étrangers aux-
quels la paix est indispensable. C'est dans cette
dernière catégorie véritablement laborieuse et
saine que nous avons nos alliés naturels.
Nous devons donc favoriser, de toutes nos
forces, leur augmentation et leur fortune. car
ils sont des coreligionnaires de notre œuvre
sociale. Plus ils seront nombreux, plus ils
auront d'importants intérêts engagés en Haïti.
mieux ils pourront nous aider à combattre
l'influence criminelle des spéculateurs en
guerre civile.

LE LIVRE ET LA CONFÉRENCE (1)

Messieurs,

Le cri machinal de la sentinelle aux trois quarts endormie trouble seul le silence. Du fond de quelques demeures de minces filets de lumière strient l'obscurité opaque... Quand tout repose dans l'affaissement de la ville saoulée, durant le jour, de soleil et de poussière, pourquoi ces attardés s'obstinent-ils à veiller ?

---

(1) Discours d'inauguration de la salle de lecture et de conférence prononcé à l'Ecole Wesleyenne, le 10 août 1892.

La vie avec ses inéluctables nécessités nous prend vite. Je parle de la majorité : je ne parle pas des privilégiés qui peuvent mener quiètement leurs études jusqu'à la vingtième année. Pour nous, à quinze ans, avant même souvent, nous sommes jetés dans son tourbillon, emportés par son courant. Elle nous mûrit rapidement ou elle fait de nous des fruits secs, selon notre tempérament et notre force de résistance. Nous n'avons pas le temps d'apprendre sur les bancs de l'école; c'est à peine, selon un mot célèbre, si nous apprenons à apprendre. Eh bien! ces veilleurs qui peinent quand les autres dorment, ce sont ceux qui veulent mûrir, et il n'y a pas de chaleur qui nous mûrisse mieux et plus profitablement, l'expérience l'enseigne, que celle de la fidèle petite lampe d'études qui dure très tard dans la nuit et que chaque matin on rallume bien avant l'aube !

Les voyez-vous courbés sur le livre ?.. Celui-ci, né de parents modestes, presque enfant forcé de contribuer aux charges communes, est employé de commerce. Le jour il gagne le pain matériel ; le soir, il conquiert celui de

l'esprit. Il est plein de force, de vigueur et de
foi. N'ayez cure de lui : il fera son chemin. Il
luttera, c'est probable; il aura ses chagrins,
ses déceptions : mais les coups de la fortune
adverse s'émousseront sur l'âme bien trempée
qu'il est en train de se forger petit à petit.
C'est là, dans le contact permanent, dans la
familiarité des grands esprits, qu'il apprend à
ne pas se laisser abattre par le malheur, bien
plutôt à le dompter par sa sérénité impassible. Et ces pages qui le charment, qui le cap-
tivent à cette heure, déposent lentement en lui
l'épargne dont plus tard il aura besoin pour
combattre et pour vaincre!

Cet autre, humble fonctionnaire de l'Etat,
tout au bas de l'échelle, vise à monter très
haut. N'en a-t-il pas le droit? Toute ambition
est saine qui veut s'imposer par son mérite
propre. Il n'y a que l'ignorance à qui on devrait rigoureusement interdire ce droit. Oui,
son rêve lui est permis au petit fonctionnaire
qui incessamment cultive son cerveau, en ar-
rache les mauvaises herbes et le plante d'arbres de bon rapport. Demain, quand il sera
arrivé — car il arrivera — il ne reniera sans

doute pas les maîtres qui lui apprirent à regar-
der plus longtemps et plus attentivement afin
de découvrir cette justice des choses qui, pour
cachée qu'elle peut être un instant, n'en gouverne pas moins le monde. Il ne les trahira pas,
ces glorieux précepteurs et autant, qu'il lui sera
possible, il essaiera de traduire en actes quelques-uns de leurs rêves.

Plus loin, voici un jeune poète qui sera peut-
être un Oswald Durand. Absorbé dans son livre, le monde extérieur n'existe plus pour lui.
Les heures se détachent lentement dans leur
sonorité métallique : il ne les entend pas. Il lit,
relit la même page, le même vers. Cent fois il
les a lus déjà ; il les relit encore. L'art,
dans sa souveraine beauté, l'enflamme et le
transporte, le désespère aussi. Dérobera-t-il
jamais, pour en parer le sien, une des étoiles
qui constellent le front des illuminés ? Il songe
à ses essais si souvent revus et corrigés, à tout ce
qu'il a écrit et qui ne l'a pas satisfait et le livre lui
tombe des mains. Reprends ton livre, jeune homme ; tu as la plus belle qualité de l'homme de
lettres : la conscience. C'est elle qui t'enseigne à
respecter le public en ne lui donnant que des

œuvres qui te contentent toi-même. Ceux qui travaillent, qu'ils soient poètes, orateurs ou hommes d'Etat, réussissent toujours. Le travail, vois-tu, même en poésie, est la condition du succès ici-bas !

Et le petit homme de peine qui ne lit pas très couramment, pourquoi ne vous le montrerais-je pas, messieurs ? Victime d'une de nos cinq cents écoles rurales, il est venu en ville pour chercher fortune, apportant pieusement dans son trousseau rudimentaire son livre de lectures. La journée finie, les pieds blancs de poussière, à la lueur vacillante d'un lumignon quelconque, il épèle et tâche de comprendre... Je ne sais trop ce qu'il fera plus tard dans la vie, le petit homme de peine ; mais cet hommage naïf rendu par lui à l'instruction a quelque chose qui touche profondément. Ne pensez-vous pas que si demain il fait mal, la faute en sera à nos cinq cents écoles rurales qui lui ont appris si imparfaitement à lire ?

Ainsi par la ville, par toutes les villes, par le monde entier, quand la nuit descend sur la terre et invite au repos, quelques-uns rallument la petite lampe familière et, le livre en main, bêchent leur cerveau. Travail mystérieux dont les magnifiques résultats nous étonneront nous-mêmes, contraste qui fait sortir de l'ombre la clarté vivifiante, sublime alchimie qui transmue les âmes !

Plus riches que les rois les plus puissants qui aient été jamais, nous pouvons nous payer de merveilleux éducateurs : nous pouvons les avoir tout entiers à nous et ils nous consacreront tout leur temps. Voilà Tacite, voilà Plutarque, voilà Montesquieu qui s'offrent de nous faire l'esprit fort, le cœur viril. Ils nous enseigneront à aimer notre pays, à ne pas le déchirer par nos luttes intestines. Ils nous diront que les États perdent leur liberté et leur indépendance par la turbulence surtout de leurs propres citoyens. Rien n'égalera la vigueur de leurs traits, la richesse de leurs images, leur indignation de justiciers pour stigmatiser les trafiquants de choses saintes et de la plus sainte de toutes, la Patrie ! Ce ne sera pas de leur faute si nous ne sentons pas qu'il y a des heures dans l'histoire des peuples où la politique, après avoir été l'agent le plus actif de la démoralisation publique, doit,

sous peine de tout entraîner dans une débàcle
finale, s'élever à la hauteur d'un sacerdoce. Ni
non plus de leur faute si nous ouvrons une
trop docile oreille à ceux qui, pour annihiler
les ressorts de notre volonté, pour nous désespérer et nous gagner à la corruption qui est
leur œuvre, nous crient sans relàche : « *Il n'y a
plus rien à faire. C'est un pays perdu!* » Nos éducateurs n'enseignent pas à désespérer. Le doute,
proclament-ils, est stérile ; la foi seule est ef-
ficace. Et d'après eux un peuple n'est pas petit
par son petit territoire et sa petite population,
il l'est surtout par ses vices et son mépris de
lui-mème. Que si ces leçons sont souvent
méconnues, que si, pour éloquentes qu'elles
soient, ces grandes voix sont étouffées par des
légions de grenouilles, ne vous y méprenez
pas, ces éclipses ne peuvent ètre que passa-
gères. Quelque part des élites d'àmes se forment
qui, quand il n'y a plus ni conscience, ni orgueil, quand l'épidémie bat son plein, s'isolent
en elles-mèmes, à l'abri de toute atteinte. —
Cet isolement n'est pas sans révolte, car il
serait, en vérité, trop commode pour le vice si
la vertu était purement inagissante et passive.

Un jour — ce jour vînt-il dans cent ans —
Tacite ou Plutarque pousse en avant une de
ces âmes... *C'est assez de rêver ; ton devoir est d'agir !*

Hélas! Messieurs, si le patriotisme haïtien est
en deuil depuis tant d'années, c'est assurément
parce que nous ne lisons pas assez. Ce n'est, en
effet, que par la lecture, « *cette conversation avec les
plus beaux esprits et les rares génies de tous les siècles* »,
que nous pouvons élever notre cœur, conser-
ver et développer de plus en plus ce qui fait
vraiment le charme de la vie, ce qui lui donne
cette haute allure qui la différencie de celle de
la bête, je veux dire la dignité de soi. Les anciens, nos maîtres en vertus civiques, le sa-
vaient bien ; ils adoraient la lecture. Juvénal,
conviant un de ses amis à souper, tout comme
de nos jours on met au bas d'une invitation
mondaine: « *On dansera* », ajoute: « *On lira des
vers d'Homère et de Virgile.* »

Dans nos temps, la lecture est autrement
indispensable à l'homme: si notre domaine
psychique ne s'est guère agrandi, celui de nos
connaissances positives s'est singulièrement
développé. Comment pourrions-nous, dans ces
conditions, entretenir la santé, la jeunesse de

6

notre esprit, comment pourrions-nous exiger
qu'il soit prompt et vif, qu'il saisisse aisément
et facilement toutes les découvertes, toutes les
tentatives, tous les essais qui se multiplient
sous nos pas, comment pourrions-nous être de
notre siècle enfin, nous tenir au courant de
tout ce qui s'y fait, de tout ce qui s'y passe,
de tout ce qui s'y imprime autrement que par
la lecture?...

C'est à ce besoin, c'est en mettant le livre
à la portée de tous, que la création des salles
de lecture a répondu. Elles ont popularisé,
elles ont démocratisé le goût de la lecture.
A la gamelle commune chacun vient prendre
sa part et rien n'est plus touchant, presque
partout chez les autres peuples, que le spectacle de toutes ces têtes penchées, de toutes
ces attentions confondues dans le même effort,
de tous ces liseurs groupés dans le même
cadre. On vient d'abord à la salle de lecture
par désœuvrement ; on y retourne par habitude et ensuite par goût. Comment pourrait-il
en être autrement? Insensiblement, on a subi
un apaisement, un calme réparateur ; les nerfs
exacerbés se sont détendus. On ne tarde pas à

sentir la différence du café à la salle de lecture.
L'un pompait, épuisait, vidait le cerveau ;
celle-ci le remplit. Du vieillard précoce et déjà
mûr pour la mort, elle fait en peu de temps un
ressuscité à la vie et à l'espérance. Il faut le
répéter pour ceux qui l'ignorent, rien ne con-
sole, rien ne soulage davantage que le livre.
C'est le viatique des désespérés. Quelqu'un que
je connais trop pour le citer et qui, quand dans
une sorte de fatalité antique tout ce qu'il avait
aimé et défendu semblait se retourner contre
lui, a trouvé dans la lecture la faculté d'aimer
et de défendre encore. disait des livres que
c'étaient *les seuls amis dont un jour de pluie ou
de beau temps ne changeait pas l'humeur (1)*. C'est,
en effet, le grand charme des livres : rien ne
saurait altérer leur humeur invariable et
depuis plus de quatre mille ans. vous le savez
bien, le bon Homère, du récit des voyages et
des ruses de son héros grec, apaise efficacement
les surmenés qui recourent à lui !

On comprend, Messieurs, quelle peut être
l'influence immense des salles de lecture sur

---

(1) Ducas-Hippolyte, p. 346.

un peuple. On a écrit que l'atmosphère morale d'une ville se purifiait quand les lieux de plaisir diminuent et que les salles de lecture augmentent. Rien n'est plus rigoureusement vrai et j'ajoute que, pour les hommes d'âge mûr qui veulent vieillir, avec quelque chance d'écarter les infirmités, la fréquentation de la salle de lecture ou simplement du livre est une excellente hygiène.

Mais si ce sont là les bienfaits de la lecture en général, combien ces bienfaits seront plus grands lorsqu'il s'agit de mettre aux mains du peuple les livres religieux et au premier rang le livre des livres, celui qui célèbre les œuvres et la puissance de Dieu, la Bible! Aucun ouvrage, n'est-il pas vrai, n'est comparable à celui-ci; rien n'est aussi éloquent, aussi humain, aussi réel que les Saintes Écritures. Plus on les lit, plus on y découvre de beautés nouvelles et plus on y revient comme au véritable livre de la vie. Où donc a-t-on jamais parlé de Dieu, de l'infini avec cette concision magnifique et en quelque sorte lapidaire? Quel est le style qui égale celui des Prophètes? Où trouver ailleurs que dans la

Bible ces mots qui peignent d'un trait les choses immatérielles et impondérables ? Quel autre écrivain oserait nous montrer la genèse du monde sans faillir dans une telle tâche ? Ici la force des pensées, la simplicité imposante du style, la grandeur des sentiments, tout nous entraîne, tout nous subjugue, tout fait passer en nous le frisson d'une œuvre que Dieu lui-même a inspirée. Quand on lit, quand on médite la Bible, il semble qu'on soit transporté sur une haute montagne, la plus haute que l'esprit puisse se figurer, et que de là, réduit à sa proportion qui est infiniment petite, on contemple l'homme, ses agitations, ses passions, son néant. Ah ! voilà le livre qu'il faut répandre, répandre sans cesse, répandre toujours !

La Société des Livres religieux d'Haïti ne pouvait, Messieurs, me faire un plus sensible plaisir en me choisissant pour présider cette reunion. L'œuvre qu'elle inaugure ce soir et dont elle prend l'initiative chez nous est excellente ; elle peut avoir une grande influence sur la moralité publique. Je souhaite donc que cette salle de lecture, de même que le

6.

grain semé dans une terre favorable donne
une bonne récolte, engendre à sa suite de
nombreux établissements semblables. Comme
les sentiments mènent les actes, comme l'âme
gouverne le corps et que l'instruction et la
lecture font à l'homme de bons sentiments et
une âme meilleure, avant longtemps, si mon
vœu se réalisait, une notable transformation
se produirait chez le peuple haïtien. Ce serait
à toi qu'on la devrait, petite salle de lecture
consacrée à la propagation des livres religieux!
Nous ne savions pas que la source qui récon-
forte était à deux pas de nous, à la portée de
nos lèvres. Notre corps tombait en lambeaux
et sans doute nous voulions guérir puisque
nous demandions un remède à tous les échos.
Le voilà, le remède; la voilà, la source merveilleuse qui débarrasse des impuretés, des scories
de l'ignorance! Puisses-tu, petite salle de lecture, par la propagande du fait, nous apprendre l'usage et la force de l'instrument dont
tu disposes! Puissent tes sœurs de l'avenir,
dans la rapide éclosion desquelles j'ai foi,
mettre bientôt le livre dans toutes les mains!

Mais il ne faut pas, Messieurs, que j'oublie

que cette salle est destinée aussi à la conférence. Je n'en parlerai toutefois que d'une
façon fort succincte, car je m'aperçois que je
suis déjà trop long dans mon rôle d'inaugu-
rateur. Du reste, la conférence, cet art si
éminemment moderne, n'a plus besoin qu'on
fasse son éloge. C'est la forme la meilleure,
la plus commode, la plus facile pour vulgari-
ser la science et les choses de l'esprit. Avez-
vous à dire quelque parole utile, profitable à
vos concitoyens ? Prenez place sur une estrade
et tranquillement exposez votre affaire comme
si vous conversiez à voix un peu plus haute.
Car tout, aujourd'hui, dans le monde — un
événement quelconque de la vie quoti-
dienne, une question de politique, de littérature ou de philosophie — relève de la
conférence.

En France, où le sentiment artistique est
aussi développé qu'il l'était dans la Grèce
d'autrefois, où le journal même, qui est ailleurs
une affaire purement commerciale, doit revêtir,
pour être lu, une forme soigneusement littéraire, la conférence a été portée à un haut
degré de perfection. C'est le charme, la délec-

tation de l'esprit aux heures où il réclame ses
vacances. — Des maîtres illustres dont les
noms sont dans toutes les bouches lui ont
donné un irrésistible élan et Sarcey, dernière-
rement, lui a consacré un ouvrage fort inté-
ressant. Dans un style débordant de grosse
santé et de gros bon sens, qui est sa marque et
tout en nous racontant comment il devint
conférencier, il nous y enseigne aussi à le
devenir.

Chez nous, quel peut être le rôle, l'avenir
de la conférence ? Tout d'abord réveiller,
entretenir le mouvement littéraire national,
acclimater les controverses d'art dans un
milieu qui ne connaît que les apartés de la
politique. Le journal étant le plus souvent
accaparé par les lâchetés, les bassesses de l'anonyme, par la guerre de personnalités stériles,
il appartient à la conférence de réunir autour
d'elle ceux qui ont d'autres goûts et d'autres
tendances. Elle apprendra aux uns à entendre la vérité ; aux autres à la dire en face.
Car je ne connais rien de plus vil que l'homme
qui se cache pour exprimer une idée qu'il croit
juste. Cette déplorable habitude abaisse et

détruit le caractère. Les arguments de la polé-
mique, on ne devrait jamais l'oublier, n'ont
de valeur réelle que lorsqu'ils ont une signature. C'est ce que j'ai constamment pratiqué
et j'ai toujours tenu en piètre estime et ceux
qui n'osaient signer leurs attaques et ceux
qui s'abritaient derrière un dos complaisant
pour attaquer. Il faut laisser aux hiboux
l'ombre et la nuit.

Dans les œuvres de nos devanciers, une
large moisson est ouverte à la conférence.
Combien sont oubliés et qui pourtant méri-
taient un autre sort! Et quelles études
charmantes, instructives, si, remontant de
quelques années en arrière, on prenait un de
ces ouvrages pas bien vieux d'âge cependant,
mais tout couverts de poussière et déjà man-
gés par les vers! Vraiment tant d'oubli est
injuste et nous sommes coupables de dédaigner
ainsi ceux qui firent un effort en faveur de
l'art et qui essayèrent de nous constituer une
âme littéraire. Ajoutons que les vivants ne
sont pas mieux partagés que les morts;
l'indifférence pour tous, telle est la loi commune. La conférence, en analysant le livre

d'hier et la brochure du jour. en sollicitant
l'attention publique sur des choses trop délais-
sées en notre pays, aidera largement à nous
doter d'une littérature nationale.

Mais là. Messieurs, où je voudrais voir la
conférence prendre tout son essor, c'est dans
l'enseignement. c'est dans la propagation,
c'est dans la vulgarisation de notre histoire.
Nous avons l'air de ne pas nous en douter,
nous possédons pourtant l'épopée la plus merveilleuse qui ait jamais été vécue. Nulles
origines ne sont supérieures aux origines du
petit peuple haïtien. Une seule fois on a
tenté. dans le monde romain. une aventure
aussi follement héroïque que la nôtre ; mais
Spartacus a été vaincu et n'a laissé qu'un
nom. Nous avons réalisé. nous. le rêve de
Spartacus. Voilà ce qu'il faut apprendre à
notre jeunesse, enseigner à tout le monde.
Et cela nous le savons imparfaitement. nous
le savons mal. très mal : nous n'avons aucune
philosophie de notre histoire.

Si au début de ce siècle l'esprit guerrier
de nos pères, leur âme ardente suffirent pour
nous donner une patrie. d'où vient qu'ils

semblent impuissants à nous la conserver ?
Ne pensez-vous pas que c'est parce que nous
ne les interrogeons pas assez ? Les conseils
seraient autres puisque les temps sont chan-
gés : mais leur souffle héroïque nous aurait
inspiré des pensées salutaires de conser-
vation sociale. Loin de là, nous affectons de
douter de leur œuvre, ne nous apercevant pas
que c'est nous qui la détruisons. Chez quelques-uns même une pointe d'irrévérence se
mêle au scepticisme, et avant longtemps le
rejeton avachi de la noblesse de nos jours qui
blague l'épée de ses pères en attendant qu'il
la porte chez le brocanteur du coin, n'aura
plus rien à nous apprendre !

Donc, si on veut relever l'âme de ce peuple,
qu'on lui révèle d'abord ce que furent ses
pères, qu'on lui montre, pendant qu'il en est
temps encore, les destinées qui lui étaient
promises sur le point de lui dire un éternel
adieu. Sur cette terre, qui fut celle du patriotisme par excellence, se peut-il qu'il n'en reste
que la poussière ?

Je ne sais, Messieurs, ce que sera la conférence dans cette salle et quels sujets y seront

traités de préférence dans l'avenir. Mais je suis certain qu'ils auront tous pour but de redresser nos âmes vers le bien, vers le beau. Les voix qui retentiront dans cette enceinte, soit qu'elles chantent les louanges de Dieu, soit qu'elles cherchent la solution des problèmes sociaux, tendront toutes à notre amélioration morale. J'en ai pour garants les hommes éminents qui m'entourent et dont la carrière a été tout entière consacrée au peuple.

Garde avec soin ton âme — dit Moïse au Juif qu'il avait tiré de la servitude d'Egypte — *et enseigne ton histoire à tes enfants et aux enfants de tes enfants !* Ainsi parle le législateur que Dieu inspira lui-même. Puisse cette parole devenir une vérité dans l'enseignement moral du peuple haïtien ! Puisse-t-elle le devenir grâce à cette salle de conférence et de lecture à laquelle je souhaite le plus complet succès !

FONCTIONNAIRES ET EMPLOYÉS

Celui-là qui dit : *Ce n'est pas le pain du gouvernement, c'est celui de l'Etat que je mange,* est un traître ou un naïf. C'est bien le pain du gouvernement qu'il mange, du gouvernement qui a compté sur son concours pour le maintien de la paix publique, du gouvernement qu'il a donc trompé en lui faisant de fausses et menteuses protestations de dévouement. C'est le gouvernement qui donne les places; c'est un fait indéniable. Or, vous admettez avec moi qu'il n'est pas assez maladroit pour choisir précisément un adversaire dans un pays où les places ne tombent pas à terre. Quand donc cela arrive, c'est que vous l'avez trompé sciemment; convenez-en, cela n'est pas loyal et vous justifiez toutes les mesures qu'il peut prendre dans l'avenir contre vous. Du moment qu'on a accepté de servir un gouvernement, on doit le faire sans réticence. Et tout le temps que vous gardez votre place, il est fondé à compter sur votre entier et absolu dévouement. Aucune considération, tirée de la nécessité pour vous de vivre, ne saurait vous justifier. Il faut vous démettre quand, en votre âme et conscience, vous trouvez que cela ne vous va plus. Dieu merci, il ne manque pas de candidats et faute d'un moine l'abbaye ne chômera pas.

L'autre catégorie, celle des naïfs, n'a jamais médité la maxime d'un homme célèbre : *Beati possidentes* ! Ou autrement dit en français: HEUREUX CEUX QUI TIENNENT ! S'ils avaient médité cette maxime, ils s'estimeraient heureux de tenir et tiendraient dur et ferme, car les autres, ceux dont ils se laissent séduire par les propos fallacieux, ne rêvent qu'à se substituer à eux. Sous le sourire engageant et aimable, ils démêleraient la grimace jalouse,

haineuse de celui qui n'est pas casé et dans la
main tendue les griffes rapaces soigneusement
dissimulées. L'histoire nous montre plusieurs
de ces malheureux qui n'avaient médité ni
Bismarck ni La Fontaine et qui, désespérés du
métier qu'ils avaient joué, ont fini tragique-
ment sous les coups de ceux mêmes qui les
poussèrent en avant...

Ils n'eurent que ce qu'ils méritèrent et nous
ne devons pas trop les plaindre.

Ce que nous soutiendrons toujours, c'est
qu'un gouvernement doit compter absolument,
mais absolument sur ses fonctionnaires. C'est
une doctrine reconnue en tous pays. Chez nous,
cette doctrine doit faire la base de notre or-
thodoxie politique et l'homme d'Etat qui ne la
fait pas prévaloir dans son administration
manque à son devoir le plus essentiel. Par une
vigilance constante, journalière, il doit tenir
les fonctionnaires en perpétuel contact avec le
pouvoir central. Il faut que l'influence, le ma-
gnétisme de ce pouvoir agisse assez fortement
sur eux, les imprègne assez profondément
pour qu'ils puissent à leur tour le communiquer aux autres. Dans un ordre de choses bien

conçu et où la méditation ne laisse rien au hasard, ils doivent être autant de petits centres
d'attraction au profit de l'Etat. Ce n'est que
de cette seule façon qu'ils rendront de grands
services au gouvernement et deviendront la
clef de voûte de la paix publique. Puisque l'intérêt est la mesure des actions humaines, qui
donc plus que le fonctionnaire est intéressé à
la consolidation du pouvoir? La chute de ce
pouvoir qui peut, qui doit le révoquer sans pitié s'il le soupçonne de froideur, n'entraîne-t-
elle pas le plus souvent sa propre chute à lui?
Beati possidentes ! messieurs les fonctionnaires:
ne l'oubliez pas.

JEAN-JACQUES DESSALINES [1]

Mon cher Lafleur,

J'ai gardé, vous le savez bien, puisque vous me faites parfois l'honneur de me lire, mon cœur de la vingtième année lorsqu'il s'agit de nos grands ancêtres. Le culte de leur gloire n'a

---

(1) Un trait dominant du caractère du général Hyppolite — qui en eut beaucoup d'autres de vraiment dignes d'un chef d'Etat — fut la vénération qu'il portait aux héros de notre indépendance. L'Histoire nationale était pour lui un legs précieux qu'il tenait, par-dessus tout, à entretenir et à conserver.

C'est de ce sentiment que naquit le mausolée élevé à la mémoire de Jean-Jacques Dessalines le 19 septembre 1892.

Je me souviens, à ce sujet, de l'approbation en-

pas de plus dévoué fervent que moi, et ma
religion pour eux se fortifie de tout ce que
notre vie nationale nous inflige chaque jour
de dures épreuves. Je n'ai donc pas besoin de
vous dire quelle émotion profonde j'ai ressen-
tie, lundi, à Sainte-Anne. Un instant, quand
les cuivres vibraient avec violence, que les
voix s'élevaient frémissantes vers le ciel, que
l'encens pénétrait le cerveau, que l'âme fasci-
née chancelait dans une mystique ivresse, il
m'a semblé que l'esprit de Jean-Jacques Dessalines était avec nous. Ma pensée, absorbée,

---

chantée qu'il me donna, plus tard, lorsque je résolus, comme ministre des finances, de faire figurer
sur notre nouveau billet Dessalines et son panache,
au lieu d'un incolore visage de République emblé-
matique. (*Chambres législatives d'Haïti*, page 225.)
Connaissant l'esprit blagueur de nos concitoyens, je
n'étais pas sans appréhension sur ce *retapé* et ce
mouchoir légendaires. « *Eh bien !* dit le général
Hyppolite, *n'est-ce pas de l'histoire ? Et ne les
avait-il pas quand il conquit notre liberté ? Ceux
qui ne sont pas contents n'ont qu'à refaire un
petit abrégé à l'usage personnel de leurs sottes
délicatesses. Nous, c'est ainsi que nous aimons à
le voir, tel qu'il était réellement.* »
M. Pierre Lafleur, à qui cette lettre est adressée,
est depuis plus de six ans propriétaire et directeur
de l'*Opinion nationale*, un des organes les plus in-
téressants de Port-au-Prince.
Il a été récemment élu à la députation nationale.

hypnotisée, prenait peu à peu un tour d'invincible mélancolie. Et je songeais amèrement à cette misérable loque que nous appelons aujourd'hui notre patriotisme. Ah! si celui de nos pères était de semblable qualité, il est certain qu'Haïti n'eût jamais vu le jour.

Mais voici un tableau nouveau... Le temps a fait son œuvre; la génération actuelle a disparu; tous ceux qui existent en ce moment sont retournés à l'éternel oubli, et personne, non personne, ne se souvient plus de nous. Au cimetière intérieur, un tout jeune enfant est accoudé à la grille d'un mausolée. Il épèle et tâche de comprendre. Et ses parents expliquent à son imagination qui s'éveille ce que fut Dessalines, ce que fut Hyppolite....

La pierre vulgarise l'histoire. C'est l'édition populaire à la portée de tous.

Heureux les chefs d'Etat qui le comprennent!

HANNIBAL PRICE (1)

Messieurs,

Dans la diplomatie, aussi bien qu'ailleurs,
notre pays peut revendiquer de fidèles et
loyaux serviteurs. Il y a, et à tous les degrés de
l'échelle, des âmes qui répercutent l'âme de la
Patrie. Elle n'existerait pas, elle ne serait
qu'une chimère, qu'une fiction, si son essence
n'était conservée précieusement par cette élite
qui démontre, en la servant avec piété, qu'elle

---

(1) Discours prononcé le 12 mars 1893 sur sa
tombe, en ma qualité de Ministre intérimaire des Relations Extérieures. (Voir *Les Chambres législati-
res d'Haïti*, p. 99.)

n'est pas morte.... Ici, sur ce terrain toujours difficile, de quelle nécessité ne sont-ils pas pour nous, ces utiles combattants qui défendent au dehors notre autonomie, notre dignité, notre vie même !

Deux noms avaient mérité les suffrages de la nation, deux noms étaient sur toutes les lèvres, quand il s'agissait de la science délicate de nos rapports internationaux, et ces deux noms ne sont désormais qu'un souvenir ! Comment ne pas les réunir dans la mort, ces deux noms que la renommée associait dans la vie ! En effet, Preston et Price furent deux magnifiques exemples de dévouement héroïque, de labeur constant, uniquement consacrés à la défense de nos intérêts les plus chers. L'un, vieux lutteur, blanchi dans les tournois diplomatiques, possédant à fond le milieu sur lequel il opérait, l'autre récemment promu dans la carrière, mais se signalant par une rare bonne fortune et par des actes qui mettent un homme hors de pair. Et tous deux conquérant leur gloire, s'illustrant sur cette même scène où le patriotisme et l'habileté sont les conditions essentielles de succès.

7.

Messieurs,

Le sens philosophique de notre siècle, les doctrines si élevées qui en forment l'apanage permettent aux petits Etats de se réclamer à tout instant des principes de justice et d'équité chaque fois qu'on les viole à leur détriment. Les puissants tiennent même à grand honneur qu'on dise d'eux qu'ils n'abusent pas de leur puissance. Chaque jour on proclame davantage que la Force, pour remplir les fins de l'humanité, doit se rapprocher de plus en plus de l'idéal de charité et d'amour qui semble être la résultante de nos efforts en ce monde. Les nations prétendent à une conscience aussi bien que les individus. En tous cas, comme elles ont gardé la vieille formule que la Force est divine, elles essaient de se parer des attributs dont l'esprit moderne, tout de charité et d'amour, revêt la Divinité.

La pratique des choses de la vie ne permet pas malheureusement d'insister outre mesure sur ces questions. Elles n'en forment pas moins un des côtés séduisants de notre époque et nous avons tout intérêt, en définitive, à pen-

ser qu'elles domineront un jour complètement
sur cette terre et seront la règle des peuples.
En attendant, il convient d'honorer comme ils
le méritent les citoyens qui, de même que le
mort tombé au poste d'honneur et enveloppé
des plis de notre drapeau, ont su garder au-
dessus de toute atteinte le sentiment de l'honneur de notre race, le sentiment que dans la
balance des relations internationales notre petite Haïti équivaut à n'importe quel poids!...

Messieurs,

A aucune époque de ma vie, je n'ai mar-
chandé l'éloge à ceux qui firent utilement leur
besogne pour notre plus grand bien. — J'ai
toujours admiré sans réserve le citoyen qui
sert habilement son pays, qui, revêtu de la
confiance de son chef, incarne si complètement sa pensée qu'il en fait la sienne propre,
qui met enfin dans sa vie publique, non pas
seulement le devoir professionnel, mais encore
son orgueil, sa passion, son âme! Pas plus sur
ce continent que dans le Vieux-Monde, on ne
les remue à la pelle les hommes qui apportent
la flamme, l'élan aux affaires de l'Etat. Ils ne

travaillent pas seulement pour les autres ; ils travaillent pour eux, pour la plus noble portion qui soit dans l'homme, pour sa réputation, pour le cri d'admiration qu'ils arracheront peut-être à l'adversaire lui-même. Je n'avais donc pas besoin de ma position officielle pour rendre plein hommage à M. Hannibal Price. Simple citoyen, je n'eusse pas hésité à déclarer que, durant les quelques années de sa mission diplomatique, il fut un parfait serviteur. Organe du gouvernement, je proclame que sa clairvoyance, sa sagacité, son infatigable activité assurèrent durant cette période la paix publique et nous préservèrent de nouvelles commotions. Je le proclame ici, au nom du Président de la République, dont j'ai vu l'émotion profonde lorsqu'il lisait le fatal télégramme ; en son nom, car je l'ai entendu s'écrier avec douleur: « *Quelle perte pour le pays!* »

Oui, perte profonde et malaisément réparable ; mais heureux les hommes d'Etat qui, en mourant, provoquent de semblables regrets!

Il n'est pas vrai que le dévouement à la patrie soit chose absurde. Dites plutôt que c'est le privilège de quelques-uns et qu'il n'est pas

au pouvoir de tous d'en savourer les jouissances.

Le livre d'or de notre diplomatie est aujour-
d'hui voilé de deuil. Mais les lauriers de demain feront oublier les cyprès d'hier si nous
avons la foi, l'énergie, le patriotisme des dernières années d'Hannibal Price.

C'est ainsi, Messieurs, que la Patrie reste
impérissable et se renouvelle éternellement
dans le sacrifice et l'abnégation de ses enfants !

DANS TROIS ANS (1)

Le 15 mai 1897, rentré chez lui en simple
citoyen que la reconnaissance nationale es-
corte, au milieu de sa famille, de ses amis,
fiers du couronnement auguste de cette carrière, le général Hyppolite, un peu las, sans
doute, mais de cette lassitude heureuse, réconfortante de l'homme qui a mené sa tâche

---

(1) Dans ces lignes écrites le 15 mai 1894 dans
l'*Opinion nationale*, je n'ai pas été bon prophète :
le général Hyppolite n'a pas eu la fin que je lui
souhaitais. Il en a eu une autre plus glorieuse, plus
conforme à son caractère et à son tempérament. Il
n'en a pas moins triomphé après sa mort comme
certainement il eût triomphé de son vivant : la paix
publique, à laquelle il sacrifia sa vie, a été mainte-
nue par une transmission pacifique et régulière du
pouvoir.

jusqu'au bout, pourra se dire dans la paix
et la tranquillité de son âme :

*Oui, la besogne a été rude; mais je n'ai pas lieu
d'être mécontent de mon sort. Oui, j'ai lutté ; mais,
si c'est le résultat qui compte, j'ai l'assurance d'avoir
fait quelque bien à mon pays. Je laisse surtout après
moi deux œuvres qui parleront!... En dehors de toute
acception de partis, j'ai garanti la paix publique et
refait le faisceau national que les dissensions intestines avaient violemment rompu. Et correctement,
constitutionnellement, j'ai résigné le pouvoir et suis
retourné à mes champs. Puisse l'héritage que je laisse
à mes concitoyens ne pas dépérir dans leurs mains !*

Certes, le général Hyppolite en pensant
ainsi n'aura pensé qu'une faible partie de ce
que l'histoire dira de lui le 16 mai 1897. Si,
en effet, durant les trois années qui commen-
cent déjà, nous remplissons exactement notre
devoir envers la patrie, si ces trois années sont
ce qu'elles doivent être : la mémorable avenue
qui conduira, par la paix, à la transmission
régulière et légale du pouvoir, l'histoire dira
que le général Hyppolite accomplit en ce pays
l'œuvre la plus difficile qu'il fût jamais, l'œu-

vre réputée impossible. Elle le placera au
même rang que les fondateurs de notre indépendance. Et ce sera justice. Ceux-ci affran-
chirent leur pays de la domination étrangère; il nous affranchira, lui, de nous-mêmes,
de nos passions, de nos préjugés, de la servitude de nos funestes ambitions!

Mais pour que cette gloire qui, rejaillis-
sant sur Haïti tout entière, la présentera au
monde comme une nation ayant désormais
conscience de ses destinées, s'accomplisse, ne
suffit-il que de la volonté du général Hyppolite
et n'avons-nous, de notre côté, rien à faire?
Sans doute, nous sommes habitués à nous
reposer sur cette volonté énergique qui a
maintenu et maintiendra la paix... Pourtant
pourquoi ne pas en profiter de telle façon que
demain l'impulsion heureuse de cette volonté,
quoique absente, inspire encore nos actes et
que son enseignement nous soit utile même
lorsque la main habile qui la manifestait ces-
sera de nous guider? Pourquoi durant ces
trois années l'esprit national, tout entier
tourné vers les solutions pacifiques, ne se for-
tifierait-il pas afin d'être en état d'opposer une

digue victorieuse à ceux qui, oubliant que la
paix est le premier des biens, nous parlent de
notre bonheur l'épée à la main et la carabine
braquée sur nos poitrines ?

Non, il est temps d'avoir quelque bon sens.
Les révolutions ne se font au nom du peuple
que parce qu'il les paie de sa vie, de son argent et de sa ruine. Voilà en quoi seulement il
y participe. C'est ce qu'il faut nous répéter
sans cesse, répéter à nos amis, à tous ceux
sur qui nous pouvons avoir quelque influence
afin que chacun en soit bien pénétré. Il n'y a
jamais eu qu'une catégorie de révolutionnaires
dans notre pays. Ceux qui bouleversent tout
pour arriver... à quoi ? Si on prend leur programme, c'est pour assurer la paix sur des
bases inébranlables. Il n'y a pas un chef
d'insurrection qui ne brode sur ce thème cher
aux hommes de désordre. Eh bien ! nous avons
la paix : le programme est exécuté, sans eux il
est vrai. Soyons révolutionnaires à notre tour
pour garder ce que nous avons conquis.

Pas n'est besoin d'être aux côtés du général
Hyppolite, d'être ministre ou fonctionnaire
pour collaborer à cette œuvre. L'intérêt est

commun ; l'effort doit l'être aussi. Mais ceux qui ont eu hier l'insigne honneur d'avoir été choisis par le président de la République, ceux qui sont aujourd'hui à ses côtés et qui demain n'y seront plus, ont un double devoir. Citoyens, ils doivent assurer à leur patrie, à leurs familles, un avenir calme et prospère ; anciens fonctionnaires, l'honneur les oblige, pour la réalisation d'un programme qui est le leur, à continuer un concours actif à l'administration dont un moment ils furent les chefs.

Le 15 mai 1897 une ère nouvelle s'ouvrira pour Haïti, si nous avons, dès à présent, la conception nette de l'intérêt national. Avec un peu d'effort, nous pourrons dater de ce jour notre marche en avant vers la civilisation et le progrès. Il faut donc que chaque citoyen, chaque âme pensante, chaque cœur de patriote s'élève à la hauteur de ses devoirs envers soi et le pays et comprenne la portée d'un événement qui peut si profondément modifier nos habitudes sociales.

Pour le ministre d'aujourd'hui, pour l'homme en place, il n'y a pas deux façons d'aimer le général Hyppolite. Il n'y en a même qu'une et elle se confond heureusement avec l'intérêt général : fortifier le gouvernement de plus en plus afin qu'il soit en état, à l'échéance constitutionnelle et par une sorte de puissance réflexe, d'agir encore sur l'esprit public pour le maintien de la sécurité.

Il faut donc que le ministre d'aujourd'hui soit toujours prêt à s'effacer pour permettre une évolution possible. Mais distingué hier par le général Hyppolite et appelé à l'honneur de sa collaboration, il ne saurait se croire quitte envers lui parce qu'il n'est plus au pouvoir : dans tous les cas, il ne serait pas quitte envers lui-même. En se désintéressant donc de l'œuvre — laquelle, il faut l'espérer pour lui, fut son souci et sa passion — il commettrait une mauvaise action et une action maladroite. Car dans l'apothéose finale qui, le 15 mai 1897, couronnera le premier magistrat de la République sortant de charge, il y aura place pour tous ceux qui, soit à ses côtés, soit loin de lui, auront contribué, par leurs actes ou par leur propagande de fusion et d'union, à l'ère nouvelle que la transmission régulière et légale du pouvoir assurera à la patrie !

FATALITÉ !

C'est le 19 janvier 1893, dans l'après-midi. Le Conseil vient de finir; il est deux heures moins le quart. Le Président, selon son habitude et pour se détendre l'esprit après ces longues séances de plusieurs heures que les affaires imposent, disserte avec nous.

« Voyez, dit-il, en regardant les tableaux qui décorent la salle, n'est-il pas étrange, pour ne pas dire davantage, que pas un des sujets traités ici n'ait été tiré de l'histoire nationale? Nous sommes au Palais de la Présidence, c'est bien la salle du Conseil, et rien, sur ces murs,

ne raconte pourtant un épisode de notre vie
publique. Nous ne voyons que des pages em-
pruntées à la France, à l'Italie et à d'autres
nations. Il semble que nous ignorons que nous
ayons une histoire — je parle de celle de
l'Indépendance — que rien ne surpasse en
héroïsme et en valeur. Cette histoire est même
absolument unique dans son originalité farouche. C'est la thèse philosophique des plus
grands cerveaux qu'ait produits le genre humain gagnée par d'obscurs va-nu-pieds... Des
batailles telles que Vertières, la Crête-à-Pier-
rot ne devraient-elles pas être popularisées
par la peinture, par la lithographie? Nos
enfants élevés ainsi dans la familiarité de nos
aïeux, ayant sans cesse leurs exemples sous
les yeux, n'apprendraient-ils pas à les connaî-
tre et à les prendre pour modèles un jour? Il
faut frapper l'imagination de bonne heure,
afin que l'empreinte soit durable Un peuple
qui n'a pas le culte de son passé, quand ce
passé n'est que gloire et honneur, est un
peuple dégénéré. Le passé, c'est la conscience
des nations. Et on comprend qu'elles la foulent
aux pieds, qu'elles fassent taire ce témoin

importun, quand elles ont perdu le patriotisme
et la foi.

« Je sais que les peintres sont rares chez
nous; mais ne pourrait-on détacher dans
Ardouin ou Madiou les épisodes les plus saisis-
sants de notre histoire, y joindre quelques
indications topographiques, au besoin la pho-
tographie des lieux, et s'adresser à l'étranger
pour avoir des tableaux de nos principales
scènes historiques ? Ces tableaux orneraient
nos palais publics et, dans nos demeures
privées, reproduits à l'infini, ils remplace-
raient avantageusement, et pour le plus grand
bien de l'éducation populaire, les épisodes de
l'histoire grecque ou romaine... »

Un domestique s'approche et parle bas au
Président. Il lui remet une clef et continue la
phrase commencée... A ce moment, personne
dans la salle ne peut s'imaginer qu'à deux pas
de nous, et séparée par une mince cloison, une
créature humaine, à qui nous avions parlé
quelques instants auparavant, vient d'être
foudroyée... Pourtant, comme si un secret
instinct l'avertissait que cette indisposition
n'était pas ordinaire, le Président se lève et

suit presque immédiatement le domestique. Un
de nous fait de même ; les autres l'imitent.
Mais, déjà, Chéry Hyppolite n'était plus, et,
si le cœur battait encore, c'était comme par
un reste d'habitude ; telle une machine, arrêtée brusquement, vibre quelques secondes dans
la main implacable qui l'étreint...

*
* *

C'est le 24 mars 1896, à trois heures du
matin. Le jour n'a pas encore paru, mais toute
la nature palpite déjà dans un renouveau
fécond et large où l'idée de mort semble
bannie. Un groupe de cavaliers vient de
quitter le Palais National : le général Hyppolite
se rend à Jacmel pour fortifier la paix, comme,
du reste, infatigablement, il le fait depuis six
ans par toute la République. Rien n'est changé
dans son aspect extérieur. Il est, comme toujours, vigoureux et résolu.

A peine son cheval a-t-il franchi les deux
ou trois rues qui précèdent le portail de Léo-
gane, que, foudroyé, il s'abat.. C'est net, ins-
tantané. L'arrêt subit de la montre à qui on a

enlevé son ressort. Et encore le bruit que fait
le ressort cassé s'entend. On n'a pas entendu
le souffle qu'a fait cette vie en s'échappant.

*
* *

C'est avec intention que je rapproche ces deux
morts, celle du fils tant aimé, et celle du père
qui devait le suivre trois ans plus tard. Le fils,
jeune, sympathique, débordant de la joie de
vivre, demandant tous ses sourires à l'existence et essayant de les répandre autour de
lui. Le père, vieilli au service de l'Etat, usé
par les fatigues, les soucis, les émotions de la
politique et n'ayant plus, à travers une longue
carrière, qu'une passion, qu'un culte, qu'un objectif : transmettre fidèlement, pacifiquement,
le pouvoir qui lui fut confié au milieu d'une
tourmente sociale.

A ses côtés, médecins et amis lui recom-
mandent de se ménager s'il veut vivre. Il
connaît son état, il sait que sa passion l'épuise
comme un vent impétueux consume une bou-
gie allumée. Il sait qu'à ne pas réquisitionner
ainsi, à toute minute, son âme, il gagnerait

tout au moins quelques années sur la destinée. Il est donc prévenu. Il n'hésite pas, estimant, comme de juste, que réussir dans la tâche qu'il s'est imposée, en lui sacrifiant même ce qui lui reste de l'existence, lui assure dans la reconnaissance de ses concitoyens une vie autrement belle et infragile que celle qu'il perd.

Peut-on dire que le destin ait été dur à ces deux hommes ? Qui oserait l'affirmer ?

Le fils, qui respirait la vie comme on respire une fleur — avec délices — a fini son rêve au milieu de l'explosion des regrets de Port-au-Prince en larmes le conduisant à sa dernière demeure. Son triomphe, son succès, si vous aimez mieux, fut tout personnel : il ne le devait pas absolument à la haute situation de son père. En dehors de cette situation, il eût eu encore un cortège et des amis pour le pleurer. Il n'en demandait pas davantage, tout comme ce favori des dieux qui, enlevé au printemps de l'âge et estimant que l'amitié était le bien suprême, souhaitait d'être pleuré et regretté par elle.

Pour le père, fin fut-elle plus glorieuse et mieux en rapport avec la vie ? Il a rempli son

programme jusqu'au bout ; il l'a, par sa mort,
paraphé de sa suprême signature. Et ne doit-il
pas être content s'il peut contempler combien
il a triomphé, peut-être même plus complètement que s'il avait vécu ? Car qui sait si cette
fin soudaine, tragique, n'a pas quelque peu
contribué, dans la fraternité des âmes rappro-
chées par le péril et par la pitié, à rendre plus
aisée cette transmission pacifique et régulière
du pouvoir !

Et l'histoire pourra-t-elle s'empêcher d'établir la différence entre les deux politiques de
nos dernières années ?

Salomon tombe : une longue guerre civile
éclate : — *C'est un cigare allumé par les deux
bouts que je leur ai laissé*, dit-il.

Hippolyte meurt ; sa pensée lui survit et
règne sans obstacle.

Un grand écrivain affirme que pour écrire un
livre, le plus difficile est d'en trouver le premier
mot. Ce premier mot, grâce au mort que la
reconnaissance nationale a enterré sur la place
Pétion, a été trouvé. Il faut espérer que, le
tact et la sagesse aidant, la suite du livre se
développera sans effort.

DANS LA BAIE DE MANCENILLE

Il est midi, le 18 avril 1893. Le soleil qui tombe d'aplomb fait bouillir la mer. Un souffle d'air torride agite faiblement les vagues. Leurs crêtes crèvent comme les bulles de vapeur d'une cuve d'huile surchauffée. Sur les montagnes, hautes et frustes qui encaissent la baie, des cavaliers apparaissent soudain et là-bas, à la pointe, on voit s'avancer vivement *El Presidente*. Le navire, léger et gracieux dans sa toilette blanche, mouille à peu de distance du *Dessalines* et de la *Défense*. Les saluts s'échangent, et pendant que le canon se répercute longuement dans les gorges environnates, un

aide de camp du général Heureaux est monté
à notre bord pour présenter ses compliments
au Président de la République.

Quelques minutes après un canot se détache de *El Presidente* : c'est le général Heureaux qui vient nous faire visite. Il gravit
allègrement l'escalier du *Dessalines* suivi d'un
aide de camp et de trois ou quatre personnages, parmi lesquels se trouve l'infortuné
Molina qui devait disparaître quelque temps
après dans le naufrage de l'*Alexandre-Pétion*.
Toutes les formalités d'un protocole cons-
ciencieux sont observées pour sa réception ;
il a l'air de s'en soucier médiocrement, car,
tandis que nous avons endossé l'habit noir et
le chapeau de soie, il est vêtu d'une petite
jaquette bleue, à la boutonnière de laquelle
une fleur s'épanouit et son chef est couvert
d'un fin panama. C'est un yachtman en croi-
sière ou mieux un *don* à son aise visitant des
amis. Il regarde le monde qui fourmille à
notre bord, jette un coup d'œil sur la *Défense*
chargée de soldats et murmure : *Il y aurait là*
de quoi fonder une ville en Dominicanie !

L'impression première que fait le général

Heureaux est franchement intéressante. Il
donne la certitude d'un homme habile, fertile
en ressources et que les nécessités d'une existence mouvementée ont supérieurement armé.
On le sent prêt à tous les hasards, décidé à les
affronter et à les dominer. Quel âge a-t-il ?
Quarante-cinq ans peut-être. Ses mouvements
sont d'une élasticité, d'une souplesse qui
disent le cavalier que les longues chevauchées
à travers les savanes n'effraient pas. Il est
marin aussi. Tout à l'heure, pour nous conduire à son bord, il prendra la barre et comme
nous ne serons pas sans inquiétude sur son
habileté de pilote, devant cette mer subitement grossie qui fait danser le canot, il nous
démontrera qu'il sait son métier en coupant
la vague comme un vrai professionnel.

Je ne sais combien de langues affirme-t-on
qu'il parle : quatre ou cinq. En tout cas, il
s'exprime très facilement en français. Toujours maître de lui dans la discussion, il
écoute posément. Aucune objection ne le dé-
monte. S'il pense devoir la réfuter, c'est tranquillement qu'il le fait. Autrement, il reprend
sa démonstration au point où elle avait été

arrêtée. Sa parole est persuasive, son geste sobre, son raisonnement paraît indiscutable. Il a des prétentions en droit international. Il affirme qu'aucune convention ne peut lier s'il n'y a réciprocité. « *Quand j'ai promis un chapeau, dit-il, c'est qu'on doit me donner en échange des souliers dont j'ai besoin.* » Réduite à ces proportions, la science internationale, on en conviendra, devient simple et claire.

Son physique ? Le front large, les yeux pleins de clartés, le nez mobile, telle est la partie supérieure du visage, celle qui séduit. L'autre, la bouche, la mâchoire, le menton, semble n'être plus en rapport avec le haut de cette physionomie. Là est le secret de cette domination qui ne recule devant aucun moyen, telle qu'il la comprend et la pratique avec tant de bonheur et tant de dédain, aussi, de la vie humaine.

« Ne pensez-vous pas, nous dira-t-il bientôt, que j'ai fait un grand bien au peuple dominicain en lui donnant déjà plus de quinze années de paix, quand, avant moi, tous les six mois il y avait une révolution ? Si vous voulez savoir ma popularité, allez dans les campagnes et interrogez le moindre de nos *hattiers*. C'est parmi eux que j'ai mes fidèles espions. Ce sont eux qui me renseignent sur tout ce que j'ai intérêt à savoir par pur dévouement et sans que cela me coûte un sou. »

Le général Ulysse Heureaux a le bras droit à demi rétréci, presque inagisssant. Alors qu'il était simple commandant de place, en tournée d'inspection à la frontière, il s'était arrêté, pour y passer la nuit, dans une méchante cabane dont la porte fermait au loquet. Quand on a beaucoup à compter avec le hasard et qu'on se méfie instinctivement de ses surprises, on ne dort que d'un œil : Heureaux ne dormait pas du tout. Dans l'obscurité profonde de la pièce, il entendit soulever le loquet. Trois hommes entraient avec précaution, mais déjà Heureaux de son revolver en avait abattu un dès le seuil. Les deux autres se jettèrent sur lui le criblant de coups de manchette, surtout au bras qui tenait l'arme. Il en tua encore un second et le troisième, blessé, s'enfuit. De là ce bras tordu qui l'oblige, en écrivant, à un geste auquel le souvenir de l'attentat, héroïquement déjoué, donne une grâce martiale.

Nous passons à bord du *Presidente* pour prendre part au déjeuner qui nous a été offert.

« Nous ne sommes, matelots et officiers et en m'y comprenant, que trente-sept hommes à bord, nous fait remarquer Ulysse Heureaux. Je n'aime pas les multitudes ; je n'y ai pas grande confiance. Je préfère, du reste, autant que possible, faire ma besogne en personne. Il n'y a que deux hommes à qui je me confierais volontiers. Un simple artisan de Puerto-Plata, *mon compère,* qui, il y a longtemps, la ville s'étant soulevée, courut au fort, s'y enferma avec quelques amis et me donna le temps d'arriver, et.... un autre. »

Levé de table après la série réglementaire des toasts arrosés de champagne, appuyés des salves des trois navires, on prend place sous une tente élégante à l'arrière du bateau. Abondant, familier, disert, le général Heureaux se laisse aller aux souvenirs, aux anecdoctes qu'il raconte, commente, sans gêne,

sans embarras et avec un dilettantisme iro-
nique et léger.

« Quand on aime le pouvoir, dit-il, il faut
savoir et vouloir l'exercer dans les conditions
de milieu et de temps auxquelles, en dépit de
tout, on est soumis. Autrement, il ne faut pas
s'en mêler. A quoi sert de préférer la viande
de bœuf, si on ne sait écorcher l'animal ? *Où
je pose le pied*, selon un des proverbes à mon
usage, *l'herbe ne doit pas pousser*. Mon herbe, à moi,
c'est le conspirateur. Je l'ai extirpée à peu
près du sol dominicain pour permettre à la
vraie, à la bonne herbe de pousser. Je ne
quitterai le pouvoir que quand je n'en voudrai
plus et je ne pense pas que le jour arrive que
je n'en veuille plus. Et pourquoi le quitterais-
je ? Pour que mon œuvre soit détruite, pour
que mon pays retombe dans les guerres civiles.
Je n'ai qu'un ennemi, qu'un adversaire : l'in-
surgé. Il est vaincu, non encore résigné à sa
défaite. Il s'y habituera. En attendant, je suis
maître de sa vie, parce que je n'ai pas peur
de la mort. Amis et ennemis le savent. Si,
pour prendre un exemple, une sédition, que
je ne pourrais dompter, éclatait à ce bord, le

dernier de mes hommes est convaincu que je ferais sauter tout le monde et moi le premier. Je suis aussi très reconnaissant des services rendus. Je les récompense largement. Par contre, impitoyable envers les ingrats, envers ceux qui, ayant d'abord bénéficié de ma faveur, ont cherché à conspirer contre moi. Ingratitude et conspiration, c'est, il me semble, dépasser les mesures. Justement, là, à cette place, au fond de ce navire, il y a un homme qui s'est mis dans ce cas vis-à-vis de moi. Je ne m'en sépare plus. Il me suit partout, soit à terre, soit en mer. Parfois même, quand j'ai quelque loisir, pour bien me rendre compte qu'il est là, je vais le voir dans sa prison et fumer un cigare avec lui..... Que seulement un coup de fusil parte dans la portion de la Dominicanie qu'il a essayé de soûlever, et je fais exécuter sur l'heure le jugement qui l'a condamné à mort. Il le sait, au reste. »

Cette façon de traîner après soi un prisonnier réveille en nous certains souvenirs classiques que nous ne parvenons pas à chasser..... Pendant que le général Heureaux continue de développer ses théories de chef de gouverne-

ment, on nous conte l'aventure. Le général
Marchena — car c'est de lui qu'il s'agit —
n'était guère connu du Président dominicain
quand un jour ce dernier, le rencontrant
fortuitement, fut séduit par sa bonne grâce et
son intelligence. Il le combla de faveurs, fit de
lui un de ses intimes et, pour lui permettre de
se faire une situation indépendante, le chargea
de la négociation d'un emprunt en Angleterre.
La chronique rapporte qu'à son retour, lui
ayant demandé ce qu'il avait gagné et le général ayant accusé un chiffre inférieur, Ulysse
Heureaux rectifia la différence pour démontrer
à l'autre qu'il était bien informé, tout en le
félicitant, du reste, de sa bonne fortune.
Cependant, quelque temps après, de divers
côtés, des avis parvinrent au Président que son
ami cherchait à le supplanter. Marchena était
alors un de ses ministres. Il ne crut pas à ces
dénonciations et les mit au compte de la
jalousie et de l'intrigue. Pourtant, comme il n'y
a jamais, en politique, de fumée sans feu, il
se mit à surveiller étroitement son ministre et
finalement lui tendit un piège. Les élections
présidentielles étaient proches. Régulièrement

le général Ulysse Heureaux posait sa candidature et, non moins régulièrement, il était
réélu. Cette fois, il commença par faire le dé-
goûté, le fatigué. « Vraiment, soupirait-il, il
avait besoin de repos. Pensez donc, depuis si
longtemps qu'il est sur la brèche ! Mais à qui
confier la continuation de l'œuvre ? A qui
confier le maintien de la paix publique que
les factions ne manqueront pas de troubler,
après lui ? Ah ! s'il avait un homme, un ami
sur qui se reposer de ce soin, il s'en irait avec
joie. »

Il répétait assez souvent ces paroles, en
promenant un regard interrogateur autour de
lui. Enfin, un jour, il offrit à Marchena d'être
cet homme, cet ami. Il s'attendait peut-être à
ce que ce dernier le suppliât de rester à son
poste pour la félicité du peuple dominicain,
selon le cliché d'usage. Point. Le ministre
accepta la proposition, lança son manifeste et
entra sans résistance dans la peau de candidat. Ulysse Heureaux était fixé. Il lui demanda sa démission et se fit réélire.

Or, Marchena, après cette aventure, se sen-
tant de plus en plus surveillé, sollicita un

passe-port pour l'étranger. On le lui donna. Le
Président lui fit dire, toutefois, qu'il désirait
l'accompagner jusqu'au quai, afin que chacun
fût convaincu qu'ils se quittaient bons amis.
Le jour de son départ, l'ancien ministre fit
avertir le général Heureaux, lequel, laissant
une réception d'après-midi à laquelle il était
convié, accourut. Il l'accompagna amicale-
ment au canot qui devait le transporter au
navire mouillé à quelque distance dans
l'Ozama. Comme Marchena posait le pied sur
le bateau, Ulysse Heureaux saisit brusquement la petite valise qu'il avait à la main en
lui ordonnant de lui en faire voir le contenu.
Marchena résistant, ordre fut donné de s'assurer de sa personne et de fouiller ses
malles.

« Que voulez-vous, conclut le narrateur ?
Le Président n'avait pas un autre moyen de
s'assurer du contenu des papiers du général,
lesquels, depuis longtemps à l'abri dans un
consulat étranger, n'en sortirent que ce jour
pour l'accompagner à bord. Dans ces papiers,
on trouva la preuve que le général, fort de ses
intelligences et du concours de ses partisans,

ne partait que pour préparer à l'aise un prochain mouvement. »

N'importe, cet ancien ministre, ce prisonnier qu'on traîne à sa suite, qui, en ce moment, dans sa solitude inquiète, se demande pourquoi ce tapage, cette musique, ces coups de canon, donne une sensation oppressante dont on ne se débarrasse pas.....

Il est cinq heures. Le général Heureaux dînera à bord du *Dessalines*. Il y accompagne le Président d'Haïti pour la conférence qui a motivé l'entrevue des deux chefs.

PAGE RETROUVÉE

Ce mercredi, 26 février 1890, les funérailles de Monseigneur Hillion ont été célébrées avec pompe.

Le cortège était imposant : plus de trois mille personnes accompagnèrent le prélat à sa dernière demeure. Le corps, dans son cercueil sans couvercle, était porté par des prêtres. Sur le visage du mort, un ou deux fils d'araignée qui, de la mître, descendaient au cou. Le commencement du néant que cette toile tissée dans une nuit...

Un incident de la carrière du prélat m'est resté dans la mémoire C'était sous Domingue.

Au bruit du canon et des discours, on posait la première pierre d'un Panthéon national. Naturellement, les orateurs avaient célébré les luttes de l'Indépendance, les héros qui les personnifiaient et au premier rang le plus grand de tous, Dessalines. Charles Dannel, dans un langage à la Boisrond-Tonnerre, avait essayé de faire revivre tout ce glorieux passé. Il l'avait fait brutalement, violemment, montrant un Dessalines implacable comme la fatalité, immolant à la patrie naissante tous les colons indistinctement. Il avait, en quelque sorte, rugi de bonheur en célébrant l'homme qui, entre les oppresseurs et les opprimés, avait fait couler une mer de sang.

« Devant le blanc abhorré, s'écriait-il à peu près, le nègre resta nègre, resta tigre comme les bêtes féroces des forêts de l'Afrique d'où on l'avait arraché. Il se souvint de ses frères égorgés, éventrés et, à la voix de Dessalines, fut implacable... Voilà pourquoi nous l'adorons le vengeur qui nous força de laver nos antiques affronts dans un bain de sang ! Voilà pourquoi nous avons fait du géant qui foula aux pieds la pitié et toutes les vertus bour=

geoises pour ne garder que la passion et le
culte de la liberté, le Christ sanglant de notre
rédemption et de notre foi ! »

L'archevêque — alors évêque du Cap —
écoutait muet, impassible. Soudain il prit la
parole et, dans une magnifique improvisation,
il dit :

« Pourquoi cette apothéose de la force brutale, je dirai même de la force bestiale ? Pourquoi ce panégyrique du sabre inconscient ?...
Ah ! vous voulez faire de Dessalines, de celui
qui ne savait que tuer, que tuer encore, que
tuer toujours et qui, les blancs égorgés,
menaça d'exterminer ses frères d'armes,
vous voulez en faire le prototype du patriotisme
haïtien ? Quelle erreur de votre part et combien
imprudentes sont de telles paroles dans un
pays si enclin à l'adoration de la force brutale ! Non, non, au-dessus du sabre il y a la
pensée, la pensée rayonnante qui fit 93 et
vous donna la liberté, esclaves de Saint-Domingue ! Dessalines est le bras, l'Attila en-
voyé par Dieu pour venger les misères de ses
frères, je le veux, j'en conviens. Mais ne mettez
pas ainsi sous son vocable les destinées de

votre jeune République. Glorifiez-le, célébrez-
le ; ne jetez pas, en plein dix-neuvième siècle,
ce défi à la civilisation de l'offrir à votre pays
et au monde comme le dernier mot d'un passé
qui devra inspirer votre avenir. Ne nous dites
pas qu'après plus d'un demi-siècle il est votre idéal et que c'est dans son œuvre que vous
cherchez vos commandements. Quelle société
rêvez-vous donc? »

Et l'évêque développa ce thème que, le
sabre, la force brutale ont trop pesé sur
notre pays dont, en définitive, ils ont fait
le malheur pour ne pas essayer de réagir
contre leur toute-puissance. Une nouvelle apologie, une apothéose du sabre n'était pas nécessaire. Au contraire.

On se regardait étonné et une protestation
sourde grondait, prête à s'échapper...

Peu à peu s'écartant des circonstances présentes, négligeant notre histoire, montant plus
haut, l'évêque, à l'apologie de la force brutale que Charles Dannel venait de faire, op-
posa l'apologie de la liberté, raisonnée et éclai-
rée, but et espoir des races humaines. En termes incomparables, il dévoila à nos yeux cap-

tivés le tableau, tel qu'il le comprenait et le souhaitait pour nous, d'une nation calme et prospère, sous l'égide de bonnes institutions démocratiques et non plus terrorisée et bouleversée par le sabre ! « Gardez-vous, s'écriat-il enfin, de vous éterniser ainsi sous le joug du sabre. Il vous a sauvés hier ; il vous perd aujourd'hui. Il a fait son temps. Place aux ouvriers de la pensée ! »

Un frémissement parcourut l'assemblée et ce souvenir-là m'est resté comme un des plus beaux triomphes de l'éloquence sur un auditoire hostile et conquis en dépit de luimême

MENUS PROPOS

On a dit du shah de Perse, que le coup de
feu d'un fanatique a ravi dernièrement à son
pays, qu'il défendait à ses sujets de faire leurs
études à l'étranger. Il était logique, ce souve-
rain. Etant donné le régime en vigueur dans
son empire, il ne voulait pas qu'ils y fussent
un peu dépaysés à leur retour. Où sa
logique devenait admirable, c'est que, s'il
défendait à ses sujets de sortir de leur pays,
il voyagea pour son propre compte. Il estimait,
sans doute, que, pour bien diriger son peuple,
il devait en savoir plus long que lui.

Cela peut prêter matière à quelque utile ré-

flexion, car il faut pourtant que nous nous met-
tions une bonne fois d'accord en Haïti. Nous
faisons à grands frais éduquer notre jeunesse
à l'étranger : l'Etat lui-même entretient de nombreux boursiers à Paris

Croit-on pouvoir continuer à les astreindre,
au retour, à un régime social si complètement
en désaccord avec ce qu'on leur a enseigné
être la Vérité et le Droit ?

La pensée développée, affinée et captive,
n'est qu'un douloureux présent.

*
* *

Police des villes. Une femme affolée court
au poste de police : « Là, dit-elle, à deux
pas, vous m'entendez, deux hommes se
disputent. L'un, un soldat, a son fusil armé
et menace l'autre. Il le tuera certainement si
vous n'accourez au plus vite. » Trois ou quatre
hommes de police sont attablés autour d'un
vieux boucaut vide et jouent aux dés. Ils sont
trop occupés pour écouter la pauvre femme,
sans doute la sœur ou la femme de l'homme
en péril. Elle insiste, redouble ses cris,

9.

et on entend distinctement dans le lointain le bruit de la querelle. A la fin, un des
hommes, impatienté et la corne en main, dit à
un autre : « *Allé ouai ça ça yé !* » L'autre, sans
bouger et les yeux sur les dés qui viennent de
tomber : « *Et pou qui ou pas allé ?* » Au même
instant on entend un coup de fusil. C'est le
soldat qui a tué son adversaire.

*
* *

Doit-on prêcher, sans réserve, l'application du sermon sur la montagne dans notre
Société? La question semble quelque peu
compliquée.

A prendre les choses extérieurement, un
certain bien pourrait en résulter. Car, quiconque en Haïti frappe sur la joue droite est
assuré, qu'au lieu de la joue gauche, on lui
présentera le canon d'un revolver appliqué sur
la poitrine. En ce sens, le divin sermon pourrait modérer une allure que la Loi Lespinasse
est impuissante à enrayer.

Où son application devient franchement
inutile, c'est dans notre milieu politique. Là,

sil'on avait trois joues gauches, on les présen-
terait pour faire pendant à la joue droite.

Il n'est donc pas nécessaire de prêcher une
doctrine que l'on amplifie à l'occasion naturellement.

*
* *

En Angleterre, sans l'assentiment du Par-
lement, le Pouvoir Exécutif ne peut lever aucun
impôt ni effectuer aucune dépense. Inverse-
ment, sans une proposition du Cabinet, le Par-
lement anglais ne vote ni augmentation de
dépenses ni diminution de recettes.

Ce principe devrait dominer dans notre
Constitution. Il n'y a pas à parler de notre
article 165, que l'expérience a démontré être
complètement insuffisant. Du reste, sa rédac-
tion à double fin l'avait voué, dès sa naissance,
à un rôle purement platonique.

En résumé, l'initiative parlementaire nous
vaut les mêmes mécomptes qu'en France, et
cet exemple est peut-être fait, aux yeux de
certaines gens, pour nous consoler. Le mal est
toutefois plus grand chez nous, où les révolu-

tions ont complètement étouffé le patriotisme
qui lutte encore en France.

★
★ ★

Chez un commissionnaire, à Paris.

— Un tel, dit l'étranger, est un de vos
plus intelligents compatriotes. Il est adroit,
d'esprit large, ouvert aux affaires et foncière-
ment honnête. On comprend qu'il soit arrivé
vite à sa brillante situation.

— Oh! répond l'Haïtien avec un dédain
suffisant, c'est dans la contrebande qu'il a fait
sa fortune!

Un instant après il passe dans les bureaux
d'expédition et tranquillement donne ses ins-
tructions les plus détaillées afin que les cin-
quante mille francs de marchandises qu'il a
achetées du commissionnaire soient manifes-
tées sous la rubrique : *Eaux minérales de Vichy.*

Se ravaler, se dénigrer mutuellement à
l'étranger est un article d'exportation que
nous n'avons garde de laisser au logis.

★
★ ★

En temps de révolution, il faut être attentif à ne pas commettre d'impair. Sortir de chez soi est imprudent parfois. Y rester peut être dangereux.

En 1883, le 23 septembre, après la journée et la nuit historiques que l'on sait, je commençais dans la *Revue des Deux-Mondes*, vers les huit heures du matin, la lecture de l'insurrection d'Arabi-Pacha. Un boulet, traversant la pièce où je me trouvais, me transporte en pleine action, et la lecture commencée s'achève dans le drame.

Il faut éviter aussi de changer de physionomie.

Le 28 mai 1891, je rentrais de chez le coiffeur, qui venait de faire tomber sous son fer toute ma barbe. L'opération m'avait rendu méconnaissable. Soudain, le canon et la fusillade éclatent. Un ami court à la maison. Il s'arrête à ma vue :

« — Malheureux ! s'écrie-t-il, qu'avez-vous fait ? On va vous *reconnaître* pour un rebelle. Ne savez-vous pas que les révolutionnaires ont revêtu le costume de soldats de la garde pour donner le change et surprendre les postes ? De là à croire que vous avez pris un autre visage pour des desseins criminels, il n'y a qu'un pas.»

Parmi les mille précautions qu'il faut prendre un jour de révolution, en voilà toujours trois, sans compter l'essentielle, celle qui prime les autres : savoir exactement l'heure du mouvement et quel degré l'autorité donnera à la répression.

*
* *

Au début du gouvernement du général Hyppolite, une charge de rédacteur au *Moniteur* devint vacante. Nombreux furent les candidats qui se mirent sur les rangs, soit parce que le journal, ne reproduisant guère que les procès-verbaux des Chambres et les avis des Domaines, la fonction n'est considérée que comme une sinécure, soit parce qu'il est dans la nature de toute vacance de susciter une course au clocher.

Un des postulants vint trouver le général Hyppolite.

— Président, lui dit-il, je suis candidat à la charge de rédacteur au *Moniteur*. J'ai pour concurrent M X... M. X... a été un grand légiti-

miste. Il a chanté le général Légitime en prose
et en vers. Je vous apporte ces numéros de
l'*Union*, qui attestent le fait que j'avance. Entre
un adversaire politique et moi, dont les opinions sont connues, vous ne pouvez hésiter.

— C'est bien, réplique le Président. Laissez-
moi vos journaux, ou mieux, ayez l'obligeance
de me donner lecture de ces vers.

Le candidat, enchanté, prend sa plus forte
voix et ne manque pas de souligner les parties
qui lui semblent les plus blâmables.

— Savez-vous, lui dit le Président, quand
il a fini, que ces vers sont fort beaux. Je ne les
connaissais pas, et je vous remercie du plaisir
que vous m'avez procuré. Vous avez apporté,
sans doute, quelques échantillons de votre
savoir faire, à vous?

Le candidat avoue qu'il n'y a pas songé ; du
reste, il n'a encore rien produit.

— Eh bien, mon ami, réplique le général,
faites-moi le plaisir, si vous voyez M. X..., de
lui apprendre que, sur votre recommandation,
j'ai invité le ministre de l'intérieur de le pro-
poser à mon agrément pour la charge en
question.

*
* *

Changement de décor :

Il y a quelques années, un gros négociant de
la colonie étrangère de Port-au-Prince exhalait
sa plainte :

« On s'étonne, disait-il, qu'on ne fasse plus
dans l'importation les grosses fortunes d'autrefois, du temps de Soulouque et de Geffrard.
C'est pourtant bien facile à comprendre. En
ces temps-là, le douanier se contentait de notre
parole ; il ne demandait pas à voir. Avec quelques légers cadeaux pour entretenir l'amitié,
poupées et pantins d'Allemagne pour les enfants, quand il y en avait, charcuteries et con-
serves de Marseille à l'usage de la famille, de
temps en temps une petite commande de con-
fections à la Belle-Jardinière, quelques gour-
des, à l'occasion, qu'on était trop heureux
d'obtenir, nous faisions tout ce que nous voulions. Maintenant, on exige nos factures. On
vérifie si c'est bien la véritable que nous donnons. Si, par hasard, on n'a pu se rendre
compte en douane même du contenu exact du

colis, on le suit au magasin pour le vérifier sur
place. On veut tout voir, être renseigné sur
tout, et, les calculs faits, on ne vous fait pas
grâce d'un centime. Ah ! c'est bien triste de ne
plus avoir ainsi confiance dans son prochain.
Aussi, voyez le résultat. Il n'y a presque plus
de ces maisons d'autrefois, puissantes dans
l'importation et qui, après quelques années,
pouvaient montrer une brillante succession
d'associés ou d'intéressés se retirant après fortune faite. Tout a changé, hélas ! depuis que la
confiance n'existe plus. »

Ainsi ce brave négociant exhalait sa plainte,
regrettant le bon vieux temps où un jambon et
un saucisson soldaient ses différences en
douane.

★
★ ★

X... est candidat au ministère — c'est-à-dire
que quelques amis ont chuchoté son nom, un
ou deux journaux l'ont imprimé et que lui-
même il le prononce plus souvent qu'à l'occasion. Joyeux, il se précipite, un matin, chez un
voisin : « *Le président,* s'écrie-t-il, *a passé dans*

ma rue et a regardé ma maison. Je suis sûr d'être nommé ! »

Une heure après, il est *arrêté*, car c'est pour cela que le président avait regardé sa maison.

*
* *

Aux grands effets les petites causes :

A la suite de la révolution qui renversa Boisrond-Canal, un général, en très haute faveur, avait en sa possession *Dix mille* piastres mexicaines. A cette époque, la piastre américaine et la piastre mexicaine circulaient concurremment : cette dernière ne valait, toutefois, que 0.80 centimes. Que fit le général ? Il réclama du Gouvernement provisoire, comme une mesure d'intérêt général, de donner à la piastre mexicaine la valeur officielle du dollar ; ce qui fut fait immédiatement. Il y gagna donc ses deux mille piastres. Or, le décret était à peine rendu que toute la monnaie américaine fut exportée et, à sa place, on fit venir des masses de piastres mexicaines qu'on pouvait avoir à New-York entre 60 et 65 centimes. Une perturbation économique des plus graves s'en suivit, obligeant à de lourds sacrifices quand il fallut, plus tard, retirer cette monnaie dépréciée.

Ne valait-il pas mieux — puisqu'on ne pouvait faire autrement — se résigner à donner les deux mille piastres au général et sauvegarder l'intérêt public ?

TABLE DES MATIÈRES

Paris. Soc. anon. de l'Imp. Kugelmann, 12, rue de la Grange-Batelière.

FRÉDÉRIC MARCELIN